UNTERRICHTSIDEEN

Konfliktlotsen

Fächerverbindendes Unterrichtsmaterial

von
Ortrud Hagedorn

Ernst Klett Schulbuchverlag
Stuttgart Düsseldorf Berlin Leipzig

Abbildungsnachweis:

Gottfried Helnwein: Mein Freund (S 79). © VG-Bild-Kunst, Bonn 1994

Quellennachweis:

Helga Ziztlsperger: Linke und Rechte Hemisphäre (S. 47).
Aus: Ganzheitliches Lernen,
Beltz Verlag, Weinheim ^{3}1993, S. 73

Bruno Horst Bull: Rom ist eine große Stadt (S. 50).
Aus: Klang Reim Rhythmus, Gedichte für die Grundschule,
Hirschgraben Verlag, Frankfurt a. M. ^{4}1981, S. 137

Rolf Zukowski: Starke Kinder (Text S. 60),
© MUSIK FÜR DICH Rolf Zuckowski OHG, Hamburg

Klaus Hoffmann: Das Lied vom Streit (Text S. 61), © AKTIVE MUSIK Verlagsgesellschaft mbH.

Max Kruse: Mond (S. 82), aus: Jochen Bartsch und Max Kruse,
Windkinder, Ensslin und Laiblin Verlag, Reutlingen 1968

Dear friends (S. 87), Text und Melodie: Verfasser unbekannt

(Nicht in allen Fällen konnten die Rechteinhaber ermittelt werden. Wir bitten darum, gegebenenfalls vorliegende Rechte gegen Nachweis bei uns geltend zu machen.)

Gedruckt auf Recyclingpapier,
hergestellt aus 100 % Altpapier.

1. Auflage 1 5 4 3 2 1 | 1999 98 97 96 95

Die letzte Zahl bezeichnet das Jahr dieses Druckes.

Stuttgart Düsseldorf Berlin Leipzig 1994

Redaktion: Dr. Ilas Körner-Wellershaus
Grafik: Nadja Nessel
Satz: Steffen Hahn Satz & Repro GmbH
Druck: Fa. Götz, Ludwigsburg

ISBN 3-12-196106-3

Einleitung 6

1.1 Handhabung 6
1.2 Das Eisbergmodell 7
1.3 Funktion der Konfliktlotsen 9

Teil I: Lehrerbildung 11

1 Der schulpädagogische Auftrag 11
1.1 Der Rahmenplan 12
1.2 Die Entwicklung der Streitfähigkeit 13
1.3 Konfliktaustragungsmöglichkeiten 14
1.4 Täter-Opfer-Ausgleich 15
1.5 Aufbau Handlungswissen 18
Handlungswissen durch „learning on the job“ 18
1.6 Direkte Verhandlung 20
Kleine Streitereien 20
Der ärgerliche kleine Zwischenfall 20
Altlasten aufarbeiten 21
Streitformulare 22
Schreibschwätzchen 22
Partnerinterview 22

2 Gefühl und Sprache 23
2.1 Handlungsmacht 24
2.2 Straßensperren 26
2.3 Phasen der Verhandlung 27

3 Lehrertraining 29
3.1 Die Sprache der Annahme 29
Übung 1: Türöffner 29
Übung 2: Definition des Problems 31
3.2 Die Synthese 32
Übung 3: Die Synthese 32
3.3 Die Beziehung 34
3.4 Erste Anwendung im Feld 35
Fallbeispiel: Hauen, daß die Nase blutet 35
3.5 Einvernehmen und Eigenmeinung 37
3.6 Problemlösung 37
3.7 Streß abbauen 37
Übung 4: Mein Atem 42

Teil II: Die schulpädagogische Arbeit 43

1 Kognitionsforschung und ganzheitliches Lernen 43
Kooperationsübungen, Meinungsbilder und projektgeleitetes Lernen 46
Anregungen zur Meinungsbildung und Entscheidungsfindung 48

2 Material für die Unterrichtspraxis 48
Bewegung im Raum 48

2.1 Ein sozialpädagogisches Klima aufbauen 49
Körperkontakt 49
Anleitung zur Partnerübung: Die Stadt Rom 49
2.2 Streß abbauen 52
Übung 1: Meine positive Stärke 52
Übung 2: Meerschweinchen trösten 53
Übung 3: Beruhigungsorchester 54
Übung 4: Och do ormer schworzer Koter 54
Übung 5: Zwei knurrende Hunde 54
Übung 6: Reise durch den Körper 54
Übung 7: Haus der Stille 55
2.3 Aktiv zuhören 55
Übung 1: Was bei uns klingt 56
Übung 2: Gutes und schlechtes Zuhören 56
Übung 3: Einen Auftrag hören, ausführen, beobachten 56
Übung 4: Einen Kaninchenauftrag hören, ausführen und beobachten 57
Übung 5: Feuerwache im Kreis 57
Übung 6: Gerüchteküche 57
Übung 7: Kette auffädeln 58
Übung 8: Rippel-Tippel mit Augenbrauenstift 58
Übung 9: Den Partner dem Kreis vorstellen 58
Übung 10: Star im Fan-Kreis 58
Übung 11: Kontrollierter Wasserspiegel 58
Übung 12: Strahlende Sonne – spiegelnder Mond 58
2.4 Persönlichkeit aufbauen 59
Übung 1: ICH – DU (Ping-Pong zu dritt) 61
Rollenspiel: Die 3. Person 64
Übung 2: Ping-Pong mit Konfliktlotsen 65
2.5 Ereignis – Gefühl – Meinung 67
Drei-Farben-Spiel 67
Gefühle aufarbeiten 67
Dialogschreiben 72
Übung 1: Doppeln des Gefühls 74
Übung 2: Schritte des Erfahrungsaustauschs zu sozialen Problemen 74
2.6 Unterrichtseinheiten 75
Unterrichtseinheit: Wut 75
Unterrichtseinheit: Sich verlassen fühlen 78
Übung: Ein Gedicht in meinem Gesicht 78
Unterrichtseinheit: Streitlösungshilfe 83
Märchen: In der Wolle 83
Unterrichtseinheit: Freunde 84
Unterrichtseinheit: Was uns verbindet 85
Unterrichtseinheit: Vom offenen Soziogramm zur konfrontativen Selbstwahrnehmung 86
Spiel: Gebt Frieden zusammen 87
Unterrichtseinheit: Unsere Gemeinschaft 89
Unterrichtseinheit: Der Klassenrat – Hilfe der Zusammenarbeit 89
Spiel: Ich sitze im Grünen 90
Unterrichtseinheit: Wertschätzungen – Unter dem Eisberg 91
Märchen: Die Entscheidung 91
2.7 Fantasiearbeit, Kreativübungen 95
Übung 1: Eine Stichwortgeschichte zusammenbauen 96
Übung 2: Die Idee in meiner Hand 97

Teil III: Leitbögen und Übungen für Konfliktlotsen 98

Konfliktlotsen – Leitbögen 1–6 99
Ausgangslagen zum Üben für Konfliktlotsen (Rollenspiele) 105
Übung 1: Spielregeln erkennen 105
Übung 2: Jungen und Mädchen arbeiten zusammen 105
Übung 3: Dornen und Eisenstangen 105
Kurze Ausgangslagen zum Üben für Konfliktlotsen (13 Situationen) 106
Kurze Ausgangslagen zur Persönlichkeitsstärkung (8 Situationen) 107

Nachwort für Visionäre 108

Literaturverzeichnis 111

Übersicht der Arbeitsformulare, Arbeitsbögen und Leitbögen

Teil I: Lehrerbildung
Arbeitsformular 1: Dr. Kenner 19
Arbeitsformular 2: Phasen-Schreibbogen 28
Arbeitsformular 3: Einvernehmen und Eigenmeinung 38
Arbeitsformular 4: Lebendige Schulgestaltung 39
Arbeitsformular 5: Die Reise zum vergangenen Ich 40
Arbeitsformular 6: Lehrer brauchen eine Fluchtburg 41

Teil II: Die schulpädagogische Arbeit
Arbeitsbogen 1: Die Stadt Rom 50
Arbeitsbogen 2: Entstressen und Entspannen 51
Arbeitsbogen 3a, b: Was in meiner Macht steht 62
Arbeitsbogen 4: Die Entscheidung 66
Arbeitsbogen 5a, b, c: Drei-Farben-Spiel rot – blau – grün 68
Arbeitsbogen 6: Ich & Du – Dialogschreiben 73
Arbeitsbogen 7: Wut (Partnerinterview) 76
Arbeitsbogen 8: Wut entwickelt sich im schnellen Wechsel der Gefühle 77
Arbeitsbogen 9: Sich verlassen fühlen (Partnerinterview) 80
Arbeitsbogen 10: Eine menschliche Enttäuschung 81
Arbeitsbogen 11: Ein Gedicht in meinem Gesicht 82
Arbeitsbogen 12: Satzgeschenke 88
Arbeitsbogen 13: Meine Entscheidung 94

Teil III: Leitbögen für Konfliktlotsen
Konfliktlotsen – Leitbogen 1: Streit-Formular 99
Konfliktlotsen – Leitbogen 2: Vertrauensschüler-Befragung 100
Konfliktlotsen – Leitbogen 3: Du fühlst dich als Opfer 101
Konfliktlotsen – Leitbogen 4: Kurzverhandlung mit 2 Streitenden 102
Konfliktlotsen – Leitbogen 5: Vertrag 103
Konfliktlotsen – Leitbogen 6: Beratungsprotokoll 104

Einleitung

Konflikte

„Konflikte begleiten uns ständig und haben im Leben des Menschen einen wichtigen Platz, ja sie scheinen ein Hauptthema menschlicher Existenz zu sein“ (Th. Fleischer, 1990, S. 110). Sie sind in der Schule ein zentrales Thema. Konflikte im Bereich der Schule unterscheiden sich als:
– innerpsychische Konflikte
– soziale Konflikte
– strukturbedingt-institutionelle Konflikte.
Die innerpsychischen Konflikte liegen in der Unvereinbarkeit mehrerer Verhaltenstendenzen in einer Person und können als Entscheidungsproblem aufgefaßt werden.
Soziale Konflikte bestehen zwischen mindestens 2 Konfliktparteien. Ihre Ursache kann sein:
– unvereinbare Positionen
– Knappheit der zur Verfügung stehenden Mittel
– unvereinbare Werthaltungen, Interessen
– unangemessene Kommunikation
– Störung des Tuns einer Person durch eine andere.
Soziale Konflikte können sozialen Wandel bewirken. Eine konstruktive Konfliktregelung verhindert die Verhärtung eines starren eingefahrenen Sozialgefüges und ruft Neuerungen hervor. Sie ist eine Herausforderung der schöpferischen Kraft (nach Fleischer, 1990, S. 115).
Entscheidend ist, wie Konflikte ausgetragen werden. Wo Menschen ihre Interessen wahrnehmen, können und sollen soziale Konflikte nicht vermieden werden. Vermieden werden muß, daß sie zu Lasten eines Konfliktpartners gehen, in einem immer wiederkehrenden sich verschärfenden Teufelskreis oder gar in Gewalt münden.
Strukturbedingte Konflikte in der Schule entstehen durch die personale Größe, die bauliche Dimension sowie die Enge in der Schule. Das führt zu mangelnden personellen Beziehungen, Unübersichtlichkeiten und scheinbarer Knappheit der Ressourcen. Darüberhinaus fördert der Druck, Schwächere auszusortieren, die Desintegration (vgl. Schwind, Baumann u. a., 1990, S. 68 ff). Solche strukturbedingten Konflikte zu vermindern, ist die Aufgabe der Schulpolitiker. Aber selbst, wenn es Schulpolitikern gelänge, für ideale Rahmenbedingungen zu sorgen, bleibt für Pädagogen in der Schule die Notwendigkeit, ihre sozialintegrative Kompetenz weiterzuentwickeln und sich auf neue Herausforderungen einzustellen.
Der pädagogische Handlungsspielraum, der durch das vorliegende Buch gezielter ermöglicht werden soll, liegt im Bereich der täglichen sozialen Konflikte unter Kindern und Jugendlichen. Als Konfliktlotse Streitenden helfen zu können, eine tragfähige Regelung zu entwickeln, gehört daher zu den wichtigen sozialintegrativen Kompetenzen von Pädagogen.
Konfliktlotsen sind Personen, die ein Maß an Handlungswissen erworben haben, mit dem sie Konfliktparteien helfen, die Untiefen, die Sandbänke und Strudel auf dem Weg der Konfliktlösung zu umschiffen. Konfliktlotsen können Lehrer, Erzieher aber auch ältere Schüler sein.

1.1 Zur Handhabung des Materials

Das Material „Konfliktlotsen“ beinhaltet drei Teile: In Teil I geht es um die Bildung der Lehrer und anderer Pädagogen an Schulen. Zu den Beschreibungen und Anregungen finden sich *Arbeitsformulare*, die sich an die Erwachsenen, an die Lehrerinnen und Lehrer richten. Teil II befaßt sich mit der Bildung von Kindern. Auch hier dienen *Arbeitsbögen* und *Übungen* dazu, die Fähigkeiten der Konfliktlösung mit und unter Kindern zu trainieren. Der Teil III bietet *Leitbögen* und *Übungsbeispiele*, die von Pädagogen und größeren Kindern im Alltag des Konfliktlotsen gleichermaßen genutzt werden können.

Zu Teil I

Um im Streit unter Kindern als Erwachsener so hilfreich eingreifen zu können, daß diese eine zivilisierte Streitkultur entwickeln können, müssen mehrere Aspekte beachtet werden:

Streitkultur

* Zwischen Streitenden gibt es einen Inhalts- und Beziehungsaspekt, der als Eisbergmodell veranschaulicht werden kann (s. Abb. S. 8). Gleichzeitigkeiten von Inhalt, Gefühl, Ziel und Wertschätzungen müssen durch Metakommunikation (Kommunikation über Kommunikation) behandelt werden.
* Ein Streitablauf kann allein durch die Beteiligten verhandelt werden. Erst, wenn das nicht gelingt, sind Konfliktlotsen nötig.
* Der schulpädagogische Auftrag fordert die Entwicklung zivilisierter Streitfähigkeit.
* Zur Entwicklung einer zivilisierten Streitkultur muß der schrittweise Aufbau von Handlungswissen berücksichtigt werden. Vermittlung im Konflikt ist der Entwicklung des Schwimmens oder Instrumentalspiels vergleichbar. Allein die Kenntnis des Verfahrens reicht nicht in der praktischen Anwendung.
* Gefühl und Sprache gemeinsam machen eine Verständigung unter Streitenden möglich. Werden Gefühle nicht berücksichtigt, kommt es zu Kommunikationsblockaden, den „Straßensperren".
* Durch Phasen der Vermittlung kann das Gewirr der Gleichzeitigkeiten zu einem Nacheinander der Problembereiche entzerrt werden.

Diese Fragen werden in den Kapiteln 1 und 2 behandelt. Das Kapitel 3 beschäftigt sich mit praktischen Übungen für Pädagogen.

Zu Teil II

Kognitionsforschung

Soll bei Kindern angebahnt werden, selber konstruktiv und hilfreich in einem Streit zu vermitteln, muß die Kognitionsforschung als Hintergrundwissen für ganzheitliches Lernen berücksichtigt werden. Damit beschäftigt sich das 2. Kapitel von Teil II. Es folgen Übungen zu den Phasen der Vermittlung für Kinder verschiedener Altersstufen und einige kleine Projekte, die das Thema „Gefühle" zum Zentrum eines Unterrichtsgeschehens machen.

Zu Teil III

Die Leitformulare und Übungen sind als Hilfestellungen gedacht, die Konfliktverhandlung im Handlungsfeld zu trainieren.

1.2 Das Eisbergmodell

Eisberge haben die Eigenschaft, daß 9/10 ihrer Masse unter der Wasseroberfläche schwimmen und nicht gut sichtbar sind. Ähnlich verhält es sich mit dem Beziehungs-, Gefühls-, und Interessenaspekt unter Streitenden.

Wendet sich ein Mensch an einen anderen, um ihn gedanklich oder handelnd in Bewegung zu setzen, kann er auf verschiedenen Ebenen eine Verständigung herstellen oder aber auf diesen Ebenen Mißverständnisse und Gegensätze aufbauen. Nicht alle Ebenen sind deutlich erkennbar. Ähnlich einem Eisberg sind Teile nur verschwommen, zweideutig, undeutlich, mißverständlich wahrnehmbar.

Beweggründe unter der Oberfläche

Mitunter dringen aber gleich kleinen nach oben steigenden Blasen Teile aus der unteren Ebene in die sichtbare Ebene und lassen ahnen, was sich als Beweggründe unter der Oberfläche verbirgt. Wesentliche Beweggründe sind:

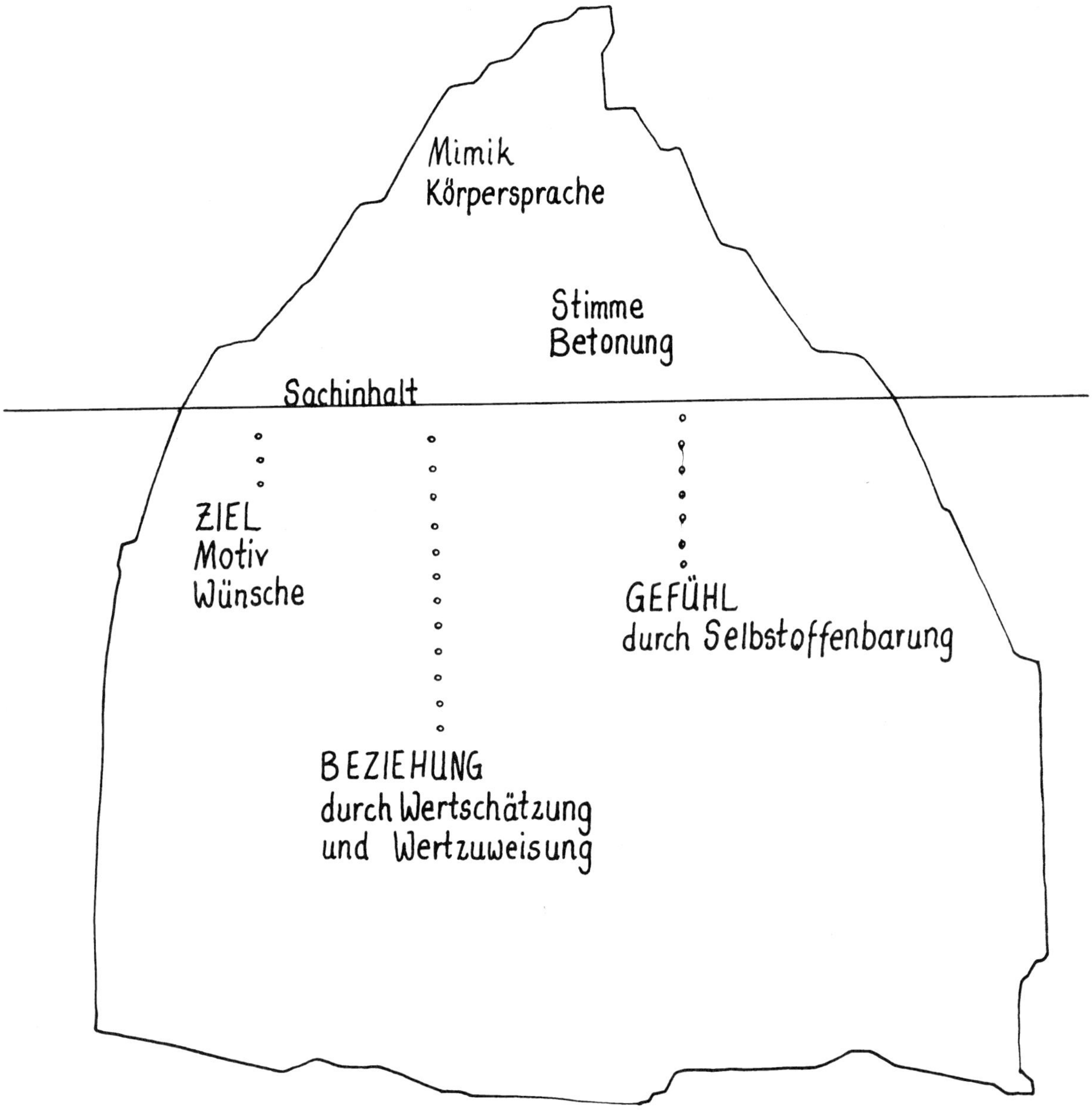

– das Ziel des Handelns mit seinen Motiven und Wünschen,
– die begleitenden Gefühle des Handelnden in seiner Tagesform,
– die Wertschätzungen, die sich der Handelnde selbst und anderen zuschreibt.

Aufgabe eines Konfliktlotsen ist es, die unsichtbaren Teile erkennbar zu machen. Dazu muß er wissen, wonach er fragend und vermutend suchen muß. Konfliktlotsen loten aus, was unter dem Wasserspiegel aneinandergestoßen ist. Dies geschieht während der indirekten Verhandlung. (s. u.)

1.3 Funktion der Konfliktlotsen

Nehmen Menschen ihre Interessen wahr, kommt es auch zum Interessengegensatz. Konfliktlotsen müssen beobachten, ob ein Eingreifen notwendig ist oder nicht.

Bild 1 PING-PONG

Bezogen auf das Eisbergmodell ist die direkte Verhandlung dadurch gekennzeichnet, daß Streitende auf mehreren Ebenen eine Verständigung herstellen können. Ohne Störungen gehen Informationen zu Inhalt, Beweggründen, evtl. auch Beziehungsdefinition und Gefühlen hin und her, bis ein Verhandlungsergebnis gelungen ist.

Bild 2 HICK-HACK

Gibt es jedoch Störungen in der Verhandlung durch Unverständnis unterhalb der sichtbaren Ebene oder Mißdeutung der sichtbaren Teile des Eisbergs, ist der Verhandlungsausgang ungewiß. Gelingt es beiden Streitenden, die Ursachen der Störungen zu erkennen und auszuräumen, bauen sie damit wieder die direkte Verhandlung auf. Gelingt ihnen das nicht, bleiben Mißstimmungen bestehen. Diese entwickeln mitunter ein Eigenleben bis hin zum Ressentiment. Verschärft sich die gestörte Verhandlung, wird ein Verhandlungsergebnis immer unwahrscheinlicher.

Bild 3 Sprachliche und körperliche Gewalt

In der gewaltgeschwängerten Situation überlagern negative Gefühle die Verhandlungsfähigkeit der Streitenden. Sie befinden sich im Streß und sind nicht mehr Herr ihrer Gefühle. In einem gefühlsmäßigen Ausnahmezustand gelingt eine einvernehmliche Lösung nicht, oft wird sie auch nicht mehr gesucht. Soll eine Verhandlung möglich gemacht werden, müssen die Streitenden vorerst die Gelegenheit haben, ihre Fassung zurückzuerlangen; dazu greifen Konfliktlotsen ein. Konfliktlotsen können nichts Sinnvolleres tun, als die beiden aus der Situation zu nehmen und sie zu beruhigen.

Bild 4 Indirekte Verhandlung

Ist es einem Konfliktlotsen gelungen, bei beiden Streitenden Streß abzubauen, kann er nicht erwarten, daß sie sofort zu einer direkten Verhandlung fähig sind. Er stellt vorerst eine Überbrückungsleitung her. Beide Streitenden werden aufgefordert, nacheinander zum Konfliktlotsen zu sprechen. Er nimmt die Probleme an, vergewissert sich, daß er die Beteiligten richtig versteht, übersetzt ihre Beiträge zumutbar, faßt das Hauptproblem zusammen und erhellt die Beweggründe der Beteiligten. Schrittweise bahnt er die direkte Verhandlung wieder an. Er vergewissert sich, daß sich eine Verständigung entwickelt, indem er den einen Beitrag vom anderen Verhandlungspartner spiegeln (sinngemäß wiederholen) läßt. Im Verlauf der indirekten Verhandlung muß der Eisberg erhellt werden. Der Konfliktlotse hilft, durch seine Beobachtungen und vergewissernden Vermutungen unter die Wasseroberfläche zu gucken. Die Streitenden erkennen unausgesprochene Teile der gestörten Verständigung.

Bild 5 PING-PONG mit Lotsen

Können beide Beteiligten miteinander verhandeln, nimmt sich der Konfliktlotse zwar zurück, doch nicht völlig heraus. Auf den Inhalt der Verhandlung nimmt er keinen Einfluß, regelt jedoch noch das Verfahren bis zur Vertragshandlung und bestätigt die beiden in ihrer sozialen Leistung.

①
direkte Verhandlung
„PING-PONG"

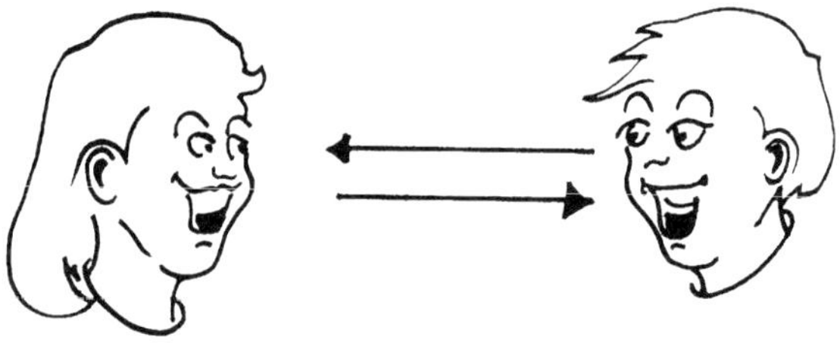

②
gestörte Verhandlung
„HICK-HACK"

③
unmögliche Verhandlung

sprachliche und körperliche Gewalt

④
indirekte Verhandlung mit Konfliktlotse,
Klärung von
- Inhalt
- Zielen
- Gefühlen
- Wünschen

⑤
PING-PONG mit Lotse,
direkte Verhandlung

Konfliktlotse regelt das Verfahren

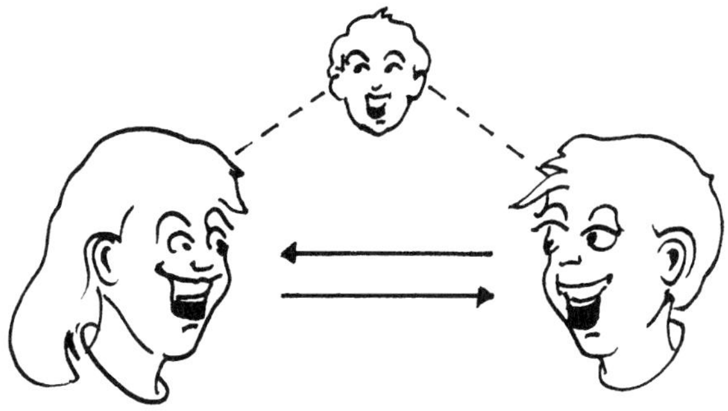

I Lehrerbildung

1. Der schulpädagogische Auftrag

Dieses Programm für Konfliktlotsen beruht auf Prinzipien der Mediation – Vermittlung im Konflikt – und Elementen konfrontativen Antigewalttrainings.

Mediation

Mediation ist ein Konfliktaustragungsverfahren, das mit Hilfe von Mediatoren als Mittlern zwischen zwei kontroversen Partnern oder Gruppen durchgeführt wird. Durch eine bestimmte Verfahrensfolge und sprachliches Handlungswissen sind die Mediatoren zugleich Gesprächsleiter und Brücke zwischen den Kontrahenten, wenn diese nicht in direkter Verhandlung einen Lösungsprozeß erreichen können. Das Verfahren ist final orientiert. Ziel ist für die Beteiligten, eigenverantwortlich Lösungen aus dem Konflikt zu entwickeln und nicht länger als nötig auf der Problemanalyse zu verharren. Durch ein hohes Maß an Selbstbestimmung werden Konflikte als Chancen genutzt, eigene Konfliktfähigkeit zu erfahren und weiterzuentwickeln. Das Verfahren ist Mittel und Ziel der Konfliktfähigkeit zugleich.

Die Streitenden als „Experten des gemeinsamen Konflikts", ihrer Umstände und ihres Gefühlsgehalts sind am besten in der Lage, Lösungen zu finden, mit denen sie dann leben können und an die sie sich halten können.
Seinen Ursprung hat Mediation in der Friedens- und Konfliktforschung. Der Vorteil gegenüber administrativer Konfliktbehandlung besteht darin, daß keine Lösung von einer Amtsperson erzwungen wird und niemand stigmatisiert wird. Gegenüber therapeutischen Konfliktbehandlungen unterscheidet sich Mediation darin, daß sie nicht innerpersönliche und lange zurückliegende Konflikte, sondern aktuelle Konflikte in den Mittelpunkt stellt, niemand wird pathologisiert.

Mediation setzt jedoch voraus, daß die Beteiligten eine Bereitschaft oder Einsicht in die Notwendigkeit der Konfliktbearbeitung haben oder entwickeln, ihre Sinne voll beherrschen und sprachlich fähig sind, sich zu beteiligen.
Es ist anzunehmen, daß Personen, denen selber nie Klärungshilfe im Konflikt zuteil wurde, anderen kaum aus einem Konflikt heraushelfen können.

Konfliktvermittlung muß handlungsorientiert erlernt werden. Folgerichtig ist ein Workshop am besten geeignet, erste Grundlagen zu üben, um dann in einer festen Gruppe weiterzulernen.

Die ersten Übungen sind aus dem Trainingsprogramm für Lehrer, das ich in zahlreichen Fortbildungsveranstaltungen vorgestellt habe. Auch Schülersprecher der Sek. I und Sek. II haben mit diesen Materialien bereits geübt. Es ist denkbar, daß diese Übungen auch in Jugendgruppen eingesetzt werden können, wenn Kommunikationsfähigkeit und Reflexionsbereitschaft entsprechend entwickelt sind.
Die anderen Übungen eignen sich für Lehrende und Lernende in der Grundschule und Sek. I, die sich im gemeinsamen Selbststudium die Grundlagen der Konfliktlotsen lesend, probehandelnd, spielend und festigend erarbeiten wollen.
Die Lehrenden müssen dabei abschätzen, ob es angebracht ist, mit einer Interessengruppe zu arbeiten, ob eine Arbeitsgruppe gewählter Schülervertreter besonders gut dafür geeignet ist oder ob das Klima in der Lehr-Lerngemeinschaft einer Klasse so günstig ist, alle daran teilhaben zu lassen.

Folgende Entwicklungsstufen der Streitfähigkeit lassen sich beobachten:

5–6jährige

Für 5–6jährige bedeutet Streit unter Freunden:
* handgreiflich aneinandergeraten

und die folgerichtige Lösung
* auseinandergehen
* eine Formel des sich Vertragens nennen: „Wollen wir wieder Freunde sein?“

Motive und Gefühle sind weniger bewußt.

8–10jährige

Für die 8–10jährigen bedeutet Streit gleichermaßen:
* handgreiflich aneinandergeraten.

Gefühle sind entscheidend: Der verletzte Gleichheitsgrundsatz und enttäuschte Erwartungen werden als Auslöser wahrgenommen: „Der hat angefangen.“
Folgerichtig ist für diese Altersstufe, daß die streitauslösenden Handlungen konkret, symbolisch oder sprachlich rückgängig gemacht werden:
* einen Schaden wiedergutmachen
* eine Entschuldigung äußern, die sich auf die verletzende Handlung bezieht. „Ich wollte dir keine Wunde machen.“

10–12jährige

Erst für die 10–12jährigen bedeutet Streit:
* sprachlich aneinandergeraten und verletzen und
* handgreiflich aneinandergeraten.

Selbstreflektiertes Denken und die Anerkennung, daß auch andere dazu fähig sind, ermöglichen den Perspektivwechsel. Die Beteiligung beider Kontrahenten kann gesehen werden und zur Klärung bewußt eingesetzt werden.
Die folgerichtigen Lösungen sind:
* eine Einigung, die dem Willen beider entspricht
* ein Kompromiß, den beide akzeptieren können.

(nach R. Valtin, 1993)

1.3 Konfliktaustragungsmöglichkeiten in der Schule

(nach C. Moore, 1986, S. 5)

Die Schule praktiziert einen hier tabellarisch aufgeführten Maßnahmenkatalog, mit dem sie soziales Lernen steuert und bei divergierendem Verhalten interveniert. Dieser Maßnahmenkatalog läßt sich nach dem Grad der Selbstbestimmung und Fremdbestimmung hierarchisieren.
Die ersten drei pädagogischen Maßnahmen lassen eine hohe Selbstbestimmung der im Streit Lernenden zu (Nr. 1, 2, 3).

Zwei weitere Maßnahmen zeigen den Eingriff regulierender Dritter. Sie lassen jedoch die Streitenden nicht mehr allein verantwortlich ihren Streit lösen (Nr. 4, 5). Die letzten zwei Maßnahmen zeigen ein hohes Maß an Fremdbestimmung. Entscheidungen werden weitgehend von Personen getroffen, die nicht im Streit verwickelt waren (Nr. 6, 7).
Je größer die Möglichkeit der Selbstbestimmung in der Streitverhandlung ist, desto leichter fällt es den Streitenden, sich an die ausgehandelten Ergebnisse zu halten. Mediation durch Konfliktlotsen nimmt in diesem Katalog eine Position auf früher Ebene ein. Als feste Einrichtung im Schulalltag kann das Lernen der Vermittlung erheblich zur Prävention von Gewaltvorkommen beitragen.

Maßnahmenkatalog im Streitfall

<table>
<tr><td>1</td><td>Informelle Diskussion und Problemlösung zu Unterrichtsinhalten</td><td rowspan="3">Entscheidung durch Streitparteien ohne Zwang in Selbstverantwortung</td><td rowspan="7">Zunehmende Fremdbestimmung, Zwang und Wahrscheinlichkeit von Sieger-, Verlierer-Stigmatisierungserlebnissen</td><td rowspan="7">Selbstbestimmung
↓
Fremdbestimmung</td></tr>
<tr><td>2</td><td>direkte Verhandlung der Beteiligten</td></tr>
<tr><td>3</td><td>Mediation</td></tr>
<tr><td>4</td><td>Kompromißfindung</td><td rowspan="2">Entscheidung mit Hilfe Dritter</td></tr>
<tr><td>5</td><td>Schiedsverfahren (Vermittlungsausschuß)</td></tr>
<tr><td>6</td><td>Therapeutische Maßnahmen des schulpsychologischen Dienstes/Familienhilfe</td><td rowspan="2">Entscheidung durch Dritte</td></tr>
<tr><td>7</td><td>Administrative Entscheidung (Ordnung der Erziehungsmaßnahmen § 55)</td></tr>
</table>

Im Katalog der Konfliktbehandlungsmöglichkeiten gibt es vor der Ebene der Konfliktlotsen als selbstregulierende Maßnahmen die direkte Verhandlung. Auf diese sollte sich die Schule mit der Bereitstellung von Raum und Zeit einrichten.

1.4 Täter-Opfer-Ausgleich

Einige mit Konfliktlagen befaßte Institutionen haben Kataloge entwickelt, mit denen sie auf schwierige Konflikte antworten, ohne sich ausschließlich auf administrative Maßnahmen stützen zu müssen. So versucht die Jugendgerichtshilfe durch den Täter-Opfer-Ausgleich eine Gerichtsverurteilung zu vermeiden. Dieses Mittel wird von Jugendrichtern begrüßt, die immer wieder darauf hinweisen, daß sie sich teilweise mit Vorgängen zu befassen haben, die eigentlich pädagogisch geregelt werden sollten.

Vorbereitungen auf mögliche Wiedergutmachung

In Anlehnung an den Täter-Opfer-Ausgleich der Jugendgerichtshilfe können Schulen entsprechende Mittel entwickeln, die sich auch auf Gewaltvorkommen anwenden lassen. Aus Ratlosigkeit setzen viele Schulen oft auf administrative Schritte, indem sie Aktenvermerke anfertigen und Maßnahmen delegieren. Auf pädagogisch folgerichtige Handlungen sind staatliche Schulen hingegen zuwenig vorbereitet.

Um mit dem Mittel des Täter-Opfer-Ausgleichs vertraut zu werden, wird er im folgenden so dargestellt, wie ihn die Jugendgerichtshilfe in der Regel anwendet.

Vandalismus
- Entfernung der Beschädigung
- Instandsetzung der Beschädigung
- provisorische Instandsetzung bis zu einer professionellen Instandsetzung
- finanzieller Abgleich

Diebstahl
- Rückgabe
- Ersatzleistung
- finanzieller Abgleich
- Täter-Opfer-Gegenüberstellung

Erpressung
- Rückgabe
- Ersatzleistung
- finanzieller Abgleich
- Täter-Opfer-Gegenüberstellung

Gewalthandlung gegen Personen
- Anhörung des Opfers durch Täter
- Anhörung eines Stellvertreters des Opfers durch Täter
- Anhörung eines Opferberichts auf Tonband
- Gegenlesen des schriftlichen Opferberichts. Durch diese Maßnahmen soll Betroffenheit hergestellt werden.
- Formulierung eines Täter-Opfer-Briefs durch Täter
- Krankenbesuch beim Opfer durch Täter
- Pflegehandlung beim Opfer durch Täter

Durch diese Regelungen soll sich der Täter konfrontativ mit der von ihm herbeigeführten Situation auseinandersetzen.
Die im Täter-Opfer-Ausgleich der Jugendgerichtshilfe gewonnenen Erfahrungen lassen sich teilweise auch auf den schulischen Alltag übertragen. Um den pädagogischen Handlungsraum des Täter-Opfer-Ausgleichs nutzen zu können, brauchen Schulen vorbereitend für:

Sachbeschädigung an Wänden
- Schulhausfarben, Pinsel, Abdeckfolie

Sachbeschädigung an Möbeln
- chemische und mechanische Reinigungsmittel, Werkzeug

Gewalthandlung gegen Personen
- Konfliktlotsen
- Opfer-Interview
- Täter-Opfer-Briefe
- Erste-Hilfe-Kästen, Verbandsmaterial für gegenseitige Hilfe, Nähzeug

(Die Ausführungen beziehen sich auf ein Beratungsgespräch mit Mitgliedern der Jugendgerichtshilfe und der Polizei sowie der AG Gruppengewalt des Bezirksamts Wilmersdorf vom 8.6.93.)
Um die Selbstverantwortung für sein Tun anzunehmen, soll der Täter den Schaden

eigenhändige Schadensbehebung

eigenhändig wiederbeheben. Der finanzielle Abgleich durch Versicherungsleistung oder Geld, das von Dritten (Eltern) beigebracht wurde, hat für den Täter nur eine geringe Entwicklungswirkung. Die eigenhändige Schadensbehebung kann durchaus vor den Augen anderer geschehen und stellt eine zumutbare konfrontative Situation dar. Da es jedoch nicht um Vergeltung, Rache o. ä. geht, sondern um folgerichtige Wiedergutmachung, müssen Pädagogen abschätzen, ob der Täter – besonders der kleine Missetäter – die konfrontative Situation ohne seelischen Beistand meistern kann. Denn nur bei Gleichzeitigkeit von gefühlsmäßiger Sicherheit und Konfrontation findet soziale Lernentwicklung statt.
Soll soziale Entwicklung durch Einsicht herbeigeführt werden, muß sich der Täter verstanden fühlen und mit dem, was er schädigend bewirkt hat, konfrontiert werden. In der Beratung von Täter und Opfer ist es notwendig auszuloten, welche Gefühle, Ziele und Werthaltungen auf der Beziehungsebene die Verhandlung begleiten, um eine gegenseitige Verständigung anzubahnen.
In der konfrontativen Situation können ein Freund, ein Pädagoge, die Mutter oder der Vater Beistand leisten, ohne die wiedergutmachende Handlung dem Täter abzunehmen. Das läßt sich in folgender Kurzform fassen:

Akzeptanz + Konfrontation = soziale Entwicklung

(Vgl. C. Thomann / F. Schulz von Thun, 1992)

Konfrontation ohne Vertrauen und Akzeptanz verhindert, daß Verständnis für Wechselwirkungen und Gefühle geweckt wird. Ihre extremen Formen fand sie im preußischen Kadavergehorsam und der schwarzen Pädagogik.
Andererseits wird in einem hohen Maß von Angenommensein und Beistand ohne entsprechende Herausforderung und Konfrontation keine Entwicklung in Gang gesetzt. Im Extremfall wird durch übertriebenes Mitleiden und Pathologisieren beim Täter ein Rest schlechtes Gewissen und Verantwortungsbewußtsein abgebaut.
Ihren humorvollen Ausdruck findet diese Haltung in der Anekdote vom schweren Jungen, der endgültig im Gefängnis landet und nach einem unangenehmen Tag des

Tütenklebens lieber im Gefängniskrankenhaus gepflegt werden möchte. Spontan sagt er zur Gefängnisärztin: „Frau Doktor, ich bin ein Waisenkind und Opfer der Gesellschaft."

1.5 Aufbau von Handlungswissen

kennen
annähern
können

Zwischen Kennen und Können gibt es verschiedene Annäherungsstufen durch Übung. Wer die Gelegenheit hat, Übungen im Feld anzuwenden, hat bald dem bloß Kennenden entsprechende Erfahrungen voraus. In diesem Sinne ist Übung im Feld ein „learning on the job".

Handlungswissen durch „learning on the job"

Das Verhältnis zwischen theoretischen Modellen und der Praxis ist seit jeher problematisch. Doch ist unumstritten, daß der Praktiker durch seine Umsetzung im Handlungsfeld erst die Leistung zusteuert, die ermöglicht, daß brauchbare Wissenschaft gesellschaftlich fruchtbar werden kann. Dabei verlangt das Bewußtsein der Vorläufigkeit theoretischer Modelle Offenheit für Veränderungen und Weiterentwicklungen im theoretischen Bereich. Für praktizierende Pädagogen ist theoretisches Interesse von der notwendigen Handlungsbeweglichkeit im pädagogischen Feld geleitet. Erst in der Verbindung von wissenschaftlichem Hintergrund, Handlungserprobung und reflektierender Analyse auf symmetrischer kollegialer Ebene entsteht das sichere Handlungswissen der Lehrer.

Annähern durch kollegiale Beratung

Deshalb ist es notwendig, daß Pädagogen Möglichkeiten zur Teamarbeit und kollegialen Beratung haben, sei es mit befreundeten Kollegen oder mit einer Supervisionsgruppe. Ähnlich der Feldforschung erkunden sie – zumindest diejenigen, die dem Mangel abhelfen wollen – bei ihren Lernenden, welche Lernhilfen gebraucht werden und öffnen so den Unterricht zu deren Einflußnahme. Das Lernen der Pädagogen meint weniger das inhaltliche Lernen als das Lernen über tatsächliche Lernprozesse. In diesem Sinne sind sie nicht nur Lehrende, sondern Forscher und eignen sich ein hohes Maß an Kompetenz im Selbststudium an.
Ähnlich können sich auch interessierte Kinder und Jugendliche die Fähigkeiten des Konfliktlotsen erarbeiten. Auch ist es in einer günstigen Lehr-Lerngemeinschaft durchaus denkbar, daß Lehrende und Schüler gemeinsam Handlungsmodelle entwickeln, sie erproben und einüben.

Lernklima

Um ein begünstigendes Lernklima für dieses Lernen zu erreichen und die Kinder ganzheitlich anzusprechen, sollen kooperative und kommunikative Spiele als didaktische Schleifen eingesetzt werden. Verwiesen sei auf drei Hefte von Jamie Walker: „Gewaltfreie Konfliktlösung im Klassenzimmer", Pädagogisches Zentrum Berlin 1992.
Andere Spiele und Übungen finden sich in Teil II dieses Lehrgangs.
Die Vermittlung im Konflikt ist kognitives aber in hohem Maß auch affektives Lernziel für alle Beteiligten. Als Handlungswissen ist es sinnvoll, die Schritte vergleichbar dem Handlungswissen eines Schwimmanfängers aufzubauen:

- kennen / passiv wissen
- versuchen und üben im Schonraum *(Probehandeln)*
- anwenden im Handlungsfeld mit beobachtender Begleitung *(Co-Mediator)*
- anwenden mit reflektierender Beratung *(Protokoll und kollegiale Beratung / Supervision)*
- protokollieren, überarbeiten und ausfeilen durch gezielte Übungen *(Selbststudium).*

Arbeitsformular 1: Dr. Kenner

Lernziel: Handlungswissen

Nach Jahren wissenschaftlicher Forschungsarbeit gönnt sich Dr. Kenner erstmalig einen Urlaub im Süden am Meer. Er hält es für angebracht, bei dieser Gelegenheit auch endlich schwimmen zu lernen. Also besorgt er sich Material über Schwimmlehrgänge, studiert diese gewissenhaft und betrachtet darüber hinaus ein Videoband über Schwimmer mehrmals ganz genau.
So gut vorbereitet fährt er vor Ort mit seiner netten Wirtin und dem Motorboot zum Einkaufen über das Meer. Nicht weit draußen versagt der Motor. Beide springen ins Wasser, um zurückzuschwimmen. Dr. Kenner schluckt Unmengen Salzwasser. Mit aufgerissenen Augen schlägt er wild um sich und kommt nicht voran. Er schreit, er versucht, sich auf sein Wissen zu konzentrieren, wird von einer Welle erfaßt und derart herumgewirbelt, daß er oben und unten verwechselt. Zuletzt schleppt die Wirtin den völlig erschöpften Dr. Kenner ans Ufer.

Etwas gefaßter stellt er dort zornig fest:

Die Literatur taugt nichts.
Schwimmen ist eher etwas für Frauen, Kinder und einfache Leute.
Wissenschaftler können nicht schwimmen.

Mit dieser einschlägigen Erfahrung faßt er das Lernziel Schwimmen fortan nie mehr ins Auge.

Was hat Dr. Kenner falsch eingeschätzt?

Was muß zwischen KENNEN und KÖNNEN stattfinden?

1.6 Direkte Verhandlung

Das Handlungsfeld ist ein Geflecht sozialer Beziehungen. Im kleinsten Rahmen besteht es aus zwei Personen oder zwei Konfliktpartnern.
In der zugespitzten Gewaltsituation besteht es aus drei Handlungsträgern
* Täter * Opfer * soziale Instanz.
Nicht immer ist es nötig, daß sich die Vermittlerperson steuernd im Klärungsprozeß betätigt. Wichtiger ist, daß es ihr gelingt, die konfliktverschärfenden Bedingungen auszuräumen und daß sie bei den streitenden Parteien Vertrauen in die eigene konstruktive Kraft wecken kann. In der Praxis lassen sich mit eingewöhnten Maßnahmen wirksame Ergebnisse erzielen.

begünstigendes Milieu schaffen

Die Streitenden müssen zuerst von anheizenden Zuschauern getrennt werden. Sie müssen Gelegenheit haben, aus der affektiven Ladung herauszukommen, sich zu beruhigen.
Sie brauchen ein begünstigendes Milieu:
Rückzugzonen, Sitzplatz, ungestörte Winkel, Sitzgruppe...
Hilfreich sind andere optische Eindrücke:
Wolkenbild, Bilder, Aquarium, Feuer.
Andere körperliche Eindrücke:
kaltes Wasser auf den Puls laufen lassen, den Hitzkopf abkühlen, Hände auf den Solarplexus legen, tief durchatmen, Arm um die Schulter legen.
Andere akustische Eindrücke:
Musik, bes. sanfte Musik.
Sprachliche Annahme der Gefühle:
z. B. „Du bist sicher sehr aufgeregt."
„Es ist nervig für dich."
„Ihr seid beide noch im Streß."

Kleine Streitereien

Die zwei Streitenden werden aus der anheizenden Umgebung in einen Schonraum genommen (Flur, Schulstation: Ruheraum mit Tischgruppe, Laube auf dem Hof). Sie brauchen einige Zeit der Beruhigung und gefühlsmäßigen Ablenkung (Gefühlsannahme, Fensteraussicht, Naturbetrachtung, Abkühlen am Wasserhahn, tief durchatmen, Entlastung durch Syntheseformulierung – vgl. z. B. S. 23/24: „Es ist für euch beide unerträglich."
Danach fordert die Vermittlungsperson die beiden auf, miteinander die Angelegenheit zu klären und wendet sich anderen Tätigkeiten zu. Nach geraumer Zeit vergewissert sie sich, daß der Klärungsprozeß vorangekommen ist.
Zur Verdeutlichung seien hier zwei typische Fälle, in denen allein die Gewährung von Zeit und Raum gepaart mit Vertrauen in die Kraft der Kinder einen kleinen Konflikt entschärfen.

Der ärgerliche kleine Zwischenfall

Klasse 1:
Im Unterrichtsverlauf schreibt A am Tafelbild.
B ruft spontan: „Der hat mich eben auf dem Hof so doll gehauen und dann ist er weggerannt und hat gelacht!"
L: „A, gib doch bitte die Kreide an ein anderes Kind, damit Ihr das Problem mal klären könnt."
A gibt die Kreide ab und darf mit B den Raum verlassen.
C: „Die machen draußen bestimmt Mist!"
L: „Nein, sie klären ein Problem. Das können die!"

Nach einer Weile ungestörtem Unterricht guckt L nach, was sich draußen tut: „Na, wie sieht's aus?"
A und B: „Wir brauchen noch einen Moment."
Kurz danach kommen beide herein und gehen auf ihre Plätze.
L zu C: „Siehst Du? Ich wußte doch: Die können das."

Klasse 2:
Die Kinder gehen aus dem Schulhaus.
A und B sind in ein Handgemenge verwickelt.
L führt die 2 zurück ins Klassenzimmer, damit sie ihren Konflikt in Ruhe klären können. Nach 10 Minuten kommt L wieder. Sie haben sich ein Lernspiel genommen und spielen miteinander. *(nach Sieglinde Mohr, Lehrerin)*

Altlasten aufarbeiten

nonverbales Dialogschreiben

Mit nur einem Schiebezettel und Schreibzeug werden die beiden Streitenden zum nonverbalen „Dialogschreiben" aufgefordert. Nach geraumer Zeit vergewissert sich die Vermittlungsperson, ob die Feindseligkeit abgebaut werden konnte. Hier haben sich 2 Kinder mit einem Dialogzettel ausgetauscht.

Beispiel Klasse 4:
sie: Warum stänkerst du immer mit uns?
er: Du bist eine doofe Ku!
sie: Kuh schreibt man mit „h".
er: Trotzdem bist du eine doofe Kuh!
sie: Warum bin ich denn eine doofe Kuh?
er: Weil du immer so schlau tust!
sie: Ich tu nicht schlau, ich bin so, wieso ärgerst du dich darüber?
er: Du bist so angeberisch!
sie: Ich will gar nicht angeben, du brauchst uns nicht immer zu ärgern, das ist viel angeberischer, besonders auf dem Hof, wenn die anderen dabei sind.
er: Ihr macht ja immer mit, Tatjana und du, macht doch Spaß.
sie: Tatjana vielleicht, aber mir nicht. Ich will das nicht und Tatjana eigentlich auch nicht, du hörst ja nicht hin.
er: Egal!
sie: Was?
er: O.K.

Diese Übung verbessert das Beziehungsklima. Sie kann ohne Unterrichtsstörung von den Beteiligten genutzt werden.
Im Vorfeld wird das Verfahren des Dialogschreibens eingeführt. Als methodisches Verfahren zum Meinungsaustausch im Deutschunterricht und bei sozialkundlichen, ethischen oder auch religionspädagogischen Inhalten sowie zur Verbesserung des Beziehungsklimas in der Klasse kann es eingesetzt werden. Einander nicht besonders zugetane Partner sollen sich zusammenfinden ... „jemand mit dem ich nicht befreundet bin, mit dem ich lange nicht mehr zu tun hatte, ein Junge und ein Mädchen ..." und dialogisch schreiben. Im Plenum können danach einige Dialoge vorgelesen werden und zur Weiterarbeit genutzt werden. Der Umgang mit schweren Beleidigungen wird beraten. Eventuell wird das Rollenspiel: „Die dritte Person" geübt.
Im späteren Verlauf der Entwicklung dokumentiert das Dialogschreiben im Konfliktfall die kommunikativen Lernfortschritte (vgl. M. Bergk / G. Rubining, 1992, S. 11 f.).

Streitformulare

Zwei Streitende erhalten je ein Streitformular und füllen es aus. Danach tauschen sie es zum Gegenlesen (siehe Leitbogen 1: Streitformular).

Verhaltenlernen vor Wissenlernen

Um nicht nur an einzelnen Vorfällen zu arbeiten, sollte das pädagogische Engagement in ein Gesamtkonzept eingebunden werden. „Man muß die Angelegenheit ganzheitlich angehen und den Vorrang des Verhaltenlernens vor dem Wissenlernen durchsetzen. Es ist Aufgabe der Schulleitung, das Management dafür bereitzustellen“ (Umbach, 1993, in: Lahn-Dill Konzept: Gewalt in der Schule, 12. Feb. 1993). Mit der Einrichtung einer regelmäßigen „Klassensprechstunde“, der Erfahrung der subjektiven Bedeutung von Unterrichtsinhalten für Einzelne und vielen Binnenkontakten, die Nähe und Verbindlichkeit herstellen, wird der pädagogische Rahmen geschaffen, in dem konstruktive Konfliktaustragungen begünstigt werden.

Der mündliche Sprachgebrauch muß besonders im Deutschunterricht Unterrichtsgegenstand sein. Sprechhandlungen werden in natürlichen Sprechsituationen gefördert. Diese schließen auch die metasprachliche Vermittlung mit ein (vgl. M. Kleinschmidt-Bräutigam, 1992, S. 27 ff.). Verwiesen sei noch einmal auf die spielerischen Übungen zur Konfliktbehandlung von Jamie Walker.

Schreibschwätzchen und Partnerinterviews zu laufenden Lerninhalten sind weitere Möglichkeiten, das subjektive Erleben in einer Klasse bewußter wahrnehmen zu lassen.

Schreibschwätzchen

Der Klassenraum wird so aufgeräumt, daß ein Herumlaufen im Raum möglich ist. Mit vielen Zetteln und einem Stift am Platz kann jede Person schriftlich mit jeder anderen kommunizieren. Es darf nicht gesprochen werden, alles wird schriftlich mitgeteilt.

Beleidigungen und anonyme Mitteilungen werden nicht beantwortet, sondern wandern in den Papierkorb. Der Lehrer benutzt ebenfalls Zettel und das Tafelbild für schriftliche Gespräche. Dieses Verfahren ist zur Meinungsbildung als Phase zu diversen Lerninhalten einsetzbar und einführbar.

In einer kurzen Reflexionsphase werden aufgetretene Probleme beraten. Einzelne Beispiele können vorgelesen und Meinungen dazu eingeholt werden.

Partnerinterview

Zu einem zwischenmenschlichen Problem wird ein Interviewbogen entwickelt. Mit einem oder zwei Partnern eigener Wahl wird jeder mit Hilfe des Leitbogens befragt.

durch Interviews verstehen lernen

Beispiele dafür finden sich unter den Arbeitsbögen (Teil II):

Arbeitsbogen 3: Was in meiner Macht steht S. 62
Arbeitsbogen 7: Wut (Partnerinterview) S. 76
Arbeitsbogen 8: Wut entwickelt sich im schnellen Wechsel der Gefühle S. 77
Arbeitsbogen 9: Sich verlassen fühlen (Partnerinterview) S. 80
Arbeitsbogen 10: Eine menschliche Enttäuschung S. 81

2. Gefühl und Sprache

kommunikatives Handeln

Die Theorie des kommunikativen Handelns von J. Habermas unterscheidet zwischen der erfolgsorientierten und verständigungsorientierten Sprechhandlung. Wird die Sprache als Instrument zur Strategie genutzt, widerspricht sie der Orientierung an Verständigung. Eine Kommunikation, die ein besseres Verstehen der Lehr-Lerngemeinschaft oder zweier Streitenden untereinander sucht, befindet sich jenseits von sprachlicher Strategie und einer Orientierung an abstrakten Erziehungszielen (vgl. J. Habermas, 1991, S. 384 f.).
Dagegen bieten psychologische Erklärungsmodelle im pädagogischen Handlungsfeld wenig Ansatzpunkte für Intervention. Wem nutzt es, wenn ich nur weiß, daß Gewalttaten letztlich auch als Hilferufe zu verstehen sind? Was hilft es dem gebissenen Kind, zu wissen, daß das beißende Kind „sich allein durch das Leben beißen muß", weil seine Eltern nicht zur Seite stehen? Nützlicher als gekonnt formulierte Deutungen und „scheinerklärender Paradigmen" ist das Verstehen der Interaktion und Kommunikation.
Das psychologisierende Verständnis für den Täter ist einer Stärkung des Opfers und dem Verstehen des eigenen Täteranteils in der Wechselwirkung der Beteiligten eher hinderlich (vgl. J. Mand, 1992, S. 10 und A. Adler, 1973).

Interaktion und Kommunikation

Das eigene von Gefühl geleitete Handeln und die Gefühle, die bei anderen ausgelöst werden, werden verständlicher durch die Berücksichtigung des Beziehungsaspekts in der menschlichen Interaktion und Kommunikation. In einem ökosystemischen Verstehen können an der Interaktion und Kommunikation Beteiligte ihren Anteil bewußt reflektieren und steuern:
Zu den Grundlagen der menschlichen Kommunikation gehören:
* Jede Kommunikation hat einen Inhalts- und einen Beziehungsaspekt.
* Der Beziehungsaspekt wird oft begleitet durch Interpunktion, die auch an Sprachmelodie, Körpersprache, Mimik erkennbar ist. Diese offenbaren Gefühl und Beziehungsaspekt.
* Bei Zweideutigkeiten und Störungen zwischen Inhalts- und Beziehungsaspekt ist Metakommunikation nötig (Kommunikation über die Kommunikation).
* Die Metakommunikation als eine verständigungsorientierte Sprechhandlung muß gelernt werden. Der zwischenmenschliche Gefühlsgehalt kommt dabei als Selbstoffenbarung und als Motiv zur Sprache (vgl. P. Watzlawick u. a., Menschliche Kommunikation, Stuttgart 1967, S. 50 f.).

asymmetrische Kommunikation

In der asymmetrischen, dominanzgeleiteten Kommunikation wird versucht, eine Selbst-Erhöhung durch Erniedrigung des anderen herzustellen. In der Konfliktaustragung qua Dominanzverhalten kann daraus unter Ausschluß der sozialen Kontrolle leicht eine Täter-Opfer-Beziehung werden. Je stärker und nachhaltiger dies dem Täter gelingt, desto weniger nimmt er das Opfer noch als Mitmensch mit Gefühlen und Beweggründen wahr. Nimmt auch das Opfer sich selbst nicht mehr deutlich handelnd in seiner Menschenwürde wahr, fällt es den sozialen Interventionspersonen um so schwerer, wieder zivilisierte, symmetrische Umgangsformen herzustellen.

Dominanzverhalten

Ob sprachliche oder körperliche Dominanzbestrebungen im Spiel sind – solange die Beteiligten noch in Ansätzen eine Kooperation als notwendig anerkennen –, kann Betroffenheit in der emotionalen Gegenüberstellung der Beteiligten hergestellt werden (vgl. B. Rommelspacher, 1992).
Liegen dem Dominanzverhalten positive Gewalterfahrungen und mangelnde zivilisierte Konflikterfahrungen zugrunde, müssen konfrontative Situationen herbeigeführt werden, in denen neues Verhalten geübt wird.
Das Sprach- und Erziehungsverhalten von Schulpädagogen zeugt jedoch häufig von Unkenntnis dieser Möglichkeiten. Mitunter verschärfen sie Konflikte, indem

Straßensperren

sie sich auf den Täter konzentrieren und ihm in einer asymmetrischen Lehrer-Schüler-Beziehung ermahnend oder strafend die Rolle des „Zöglings" zuweisen. Diese traditionellen Erziehungs-Handlungen nennt Th. Gordon „Straßensperren" (s. u. 2.2). Sie verhindern die konstruktive Konfliktlösung bereits im Ansatz. Denn auf der Beziehungsebene werden Gefühle ignoriert und Tätern wie Opfern signalisiert, daß den Beteiligten eine eigenverantwortliche Konfliktlösung nicht zugetraut wird. Oft mündet das in ausgiebigen Sitzungen mit Schuldverschiebungen unter den Erwachsenen und deren Stellvertreterhandeln für den Täter, während Täter und Opfer der Eigenverantwortung enthoben, ihr negatives Selbsterleben u. U. schon auf andere Opfer lenken.

***mit** ihnen sprechen statt **über** sie zu sprechen*

Dennoch sind im Einzelfall familienhelfende und bei innerpsychischen Konflikten psychotherapeutische Maßnahmen unerläßlich. Das Lernen der Konfliktverhandlung kann diese Maßnahmen dann unterstützen (Zum ökosystematischen Verstehen: A. Molnar / B. Lindquist, 1991 und V. Bronfenbrenner 1976).

2.1. Handlungsmacht

Schon sehr früh möchte jeder Mensch spüren, was in seiner Macht steht. Bereits Babys steuern durch Blickkontakt und Abwendung die Interaktion mit. Wirft das Kleinkind wieder und wieder den Ball hinab und Mami hebt ihn immer wieder auf, freut es sich deutlich darüber, was es selbst bewirken kann. Drückt es auf den Knopf und das Licht geht an, merkt es erfreut, was es auslösen kann. Im Gesellschaftsspiel „Mensch ärgere dich nicht" oder „Malefizz" macht später das Rauswerfen, – weniger das Rausgeworfenwerden – so viel Freude, weil das Kind sich als Urheber erlebt. Je älter das Kind wird, desto stärker ist der Drang aus der Objektrolle – gleich, ob diese fürsorglich oder autoritär oder auf andere Weise einengend erlebt wird. Eltern machen sich in der Adoleszenz leicht unbeliebt.

Schon Grundschulkinder, aber noch stärker Jugendliche wollen in besonderem Maße spüren:
- Wozu tauge ich?
- Was kann ich bewirken?
- Wie kann ich Einfluß nehmen?
- Welche Macht habe ich selbst?

Sie erproben sich, wo sich die Chance bietet:
- Vater auf Hochtouren bringen
- Mutter den letzten Nerv rauben
- provokant aufgeputzt Empörungen hervorrufen
- Pädagogen zum Machtkampf herausfordern
- Mit Freunden Highlights planen und erleben …
- Graffitis setzen (in der Stadtlandschaft bleibende Spuren hinterlassen).

legale Wege zur Selbstwirksamkeit weisen

Haben sie kaum Chancen, Wege zu finden, ihre Handlungsmacht legal zu spüren, kommt für sie auch in Frage, sich in Gefahr zu bringen: Drogen zu nehmen, über die Autobahn zu flitzen, S-Bahn surfen, Crash-Rennen fahren …

Die Konfliktverhandlung setzt am Bewußtsein für die eigene Macht an. Ihre Fragestellungen sind final, nicht kausal orientiert. Die kausal-analytische Fragestellung bringt den Gesprächspartner in die Objektrolle und führt zur Schuldverschiebung.

Auf die Fragen: Warum hast du das getan? Was ist der Grund? folgt: Weil der oder die mir etwas angetan haben. Oft gehen die Konfliktpartner damit zeitlich in ihren Argumenten weiter und weiter zurück und bewegen sich vom akuten Konflikt und seinem aktuellen Gefühlsgehalt fort. Vergangene, nicht mehr rückgängig zu machende Situationen sollen in der Konfliktbearbeitung nur den Stellenwert einnehmen, den sie offensichtlich von allein im akuten Konflikt haben. Die Aufarbeitung traumatischer Erlebnisse leistet die Konfliktvermittlung nicht.

Konflikte gegenwartsorientiert lösen

Final orientierte Fragen hören sich etwa so an:

* Was willst du damit erreichen?
* Worauf kommt es dir an?
* Was bewirkst du damit, – möchtest du das?
* Was wünschst du dir in so einer Situation? Was wäre ideal?
* Was müßte passieren?
* Was ist dein Motiv? Warum möchtest du das?
* Was ist deine Absicht, dein Ziel? Was möchtest du bei anderen auslösen? Kennst du die Wirkung bei anderen? Kann er das verstehen?
* In welchem Sinn möchtest du die Situation beeinflussen?
* Welche Möglichkeiten hast du in dieser Situation?
* Wozu führt dein Handeln?
* Wozu soll es führen? Was wäre gerecht?
* Wie soll es nach deiner Vorstellung weitergehen?

Die zwischenmenschliche Akzeptanz und die Konfrontation führen zu sozialen Einsichten und Entwicklungen (vgl. Ch. Thomann / F. Schulz von Thun 1992, S. 176).

Akzeptanz aufbauen

Pädagogen bauen Akzeptanz auf, indem sie die subjektive Sicht und die Gefühle der Streitenden sprachlich nachvollziehen und Vertrauen in ihre (im Moment noch mißlingenden) Handlungsmöglichkeiten setzen. Selten wird die Beziehung zwischen Pädagogen und Kindern symmetrisch sein. Doch gibt es unter den asymmetrischen Beziehungen auch die positiv komplementäre Beziehung. Diese stellt keine Gleichstellung dar, sondern Verläßlichkeit auf konstante emotionale Achtung und Respekt vor dem Selbstbestimmungswillen anderer Menschen.

In der Akzeptanz von eigenen Motiven und Zielen und der Konfrontation mit den ausgelösten Wirkungen und Gefühlen bei anderen, steckt die Chance, Betroffenheit über das eigene Handeln herzustellen und eine neue Entwicklung anzubahnen. Das gilt nicht nur für Täter. Auch „Nichtstun“ im ökosozialen Geflecht signalisiert anderen etwas. Es kann heißen: „Ich verweigere Hilfe“ – „Ich habe Angst“ – „Ich fühle mich nicht zugehörig“ u. a. m. „Es ist unmöglich nicht zu kommunizieren“. „Die Sprache der Handlung ist kommunizieren“ (Watzlawick a. a. O.). Die Sprache der Handlungen ist auch eine Sprache und muß mit der gesprochenen Sprache übereinstimmen, damit der Mensch authentisch ist und andere wissen, woran sie bei diesem Menschen sind. Zweideutige Situationen lösen kleine Kinder weniger, ältere eher selbst aus, indem sie

Widersprüche klären

- sich rücksichtslos verhalten, doch Sympathie und Verständnis für Betroffene in der Situation äußern
- sich devot verhalten und sich über schlechtes Behandeltwerden beschweren
- sich lachend necken und äußern, daß sie nicht angemacht werden wollen.

„Jeder Mensch ist nicht nur Opfer des Geschehens, sondern – teilweise unbewußt – auch Urheber. Es lohnt sich, diesen Urheberschaftsanteil näher zu erkunden und sich bewußtzumachen. Dadurch erhöht sich die Wahlfreiheit und Autonomie des Individuums“ (C. Thomann / F. Schulz v. Thun, 1992, S. 304).

2.2 Straßensperren

Da Sprache in ihrer Aussage nicht immer eindeutig ist, kann sie auf verschiedenen Ebenen widersprüchliche Informationen mitteilen. „Merkst du nicht, wie gut ich es mit dir meine?“ zornig und laut gesagt, führt zur Zweideutigkeit. Ähnlich lassen sich der erziehenden Sprechhandlungen auf der Inhaltsebene widersprüchliche Bedeutungen auf der Beziehungsebene zuordnen. Sie bauen Vertrauen ab und verhindern Einsichten.
Diese Sprechhandlungen nennt Thomas Gordon Kommunikationsblockaden oder Straßensperren.
Straßensperren müssen Konfliktlotsen erkennen, selber möglichst vermeiden und in der Vermittlung aufdecken.

Sprechhandlungen

Sprechhandlungen auf der Inhaltsebene sagen auf der Beziehungsebene	Beziehungsebene
1. Befehlen, kommandieren	du bist gering – ich bin bedeutsam
2. Drohen, warnen	dein Gefühl nehme ich nicht wahr
3. Moralisieren – müßtest, solltest	du bist unfähig, allein zu ...
4. Ratschläge	du findest keine eigene Lösung
5. Belehren	du bist dumm – ich bin so klug
6. Vorwurf, Beschuldigung	ich akzeptiere dich nicht
7. Etikettieren, bewerten, stigmatisieren	ich traue dir keine Selbsterkenntnis zu
8. Psychologisieren	du bist nicht ernst zu nehmen, etwas verrückt
9. Schönfärberei, Problem leugnen „bist doch sonst so helle“	du fühlst nicht recht
10. Beruhigen, bagatellisieren „geht allen so“	dein Problem ist nicht der Rede wert
11. Verhören „Was hast du dir dabei gedacht?“ „Hast du dich bemüht?“	ich verdächtige dich eines unlauteren Motivs, du bist allein schuld
12. Ablenken, zerstreuen „dafür ist jetzt kein Platz“, „laß uns über anderes reden“	dein Problem gibt es für mich nicht

(nach Th. Gordon, 1981, S. 51)

Viele erziehende Sprechhandlungen drücken Herabsetzung
Ablehnung
Bedrängung
Ignorierung
Ablenkung
Beschuldigung
auf der Beziehungsebene aus.
Dies widerspricht dem oft postulierten Anliegen von Pädagogen, Kindern förderlich zu sein. Statt dieser Straßensperren nutzen Konfliktlotsen *Türöffner* (s. u. 3.1) und *Verhandlungsphasen* (s. u. 2.3).

2.3. Phasen der Verhandlung

0 Vorlaufphase:
Information
Streß abbauen
ungestörte Rede – nacheinander, keine Beschimpfungen!
Moderationshilfe (Erzählstein, Mikrofon, Sandsäckchen)
Ziel: Vereinbarung anstreben

1. Phase:
Definition
subjektive Konfliktdarstellung
aktives Zuhören und spiegeln
Problem zusammenfassen, Synthese
Vergewissern über treffende Definition

2. Phase:
Erhellung
Gefühle annehmen (wenn … Situation, dann … Gefühl)
Ziel und Interesse klären
Beziehung definieren (Metapher)
Wünsche und Idealvorstellungen entlocken
Vergewissern über treffende Erhellung

3. Phase:
Sammlung
Lösungsvorschläge entgegennehmen – keine Tabus!
Sichtung verhandelbarer Lösungen
Einvernehmen für beide erfragen

4. Phase:
Vereinbarung
Beratung der Modalitäten (wer, was, wann, wie lange, als Versuch?)
Fixierung
Bestätigung der sozialen Leistung
Vertragshandlung (Handschlag, Hand auflegen, sprachl. Formel, Unterschrift, Vertrag, Sofortbild o. ä.)

5. Nachbereitungsphase
Bewertung
Erfragen der Effektivität
Bestärkung der sozialen Kräfte
Bei Ineffektivität Rückschau auf die Verhandlung, erneuter Einstieg bei Phase 3

Zu den Phasen der Verhandlung im Konflikt läßt sich folgendes ausführen: „Wesenszug des Menschen ist, daß sein Zusammenleben mit anderen nicht konfliktfrei verläuft, sofern er seine eigenen Bedürfnisse und die Belange seiner Mitmenschen wahrnimmt und beachtet" (M. Schwander 1984). Doch laufen die Konflikte vielschichtig ab. In der Austragung lassen sich eingeübte Interaktionsmuster beobachten, die zur Klärung führen, aber auch Knäuel verwickelter Gleichzeitigkeiten feststellen, die immer heftigere Verwicklungen und Gefühle aufbauen.

Phasen strukturieren die Verhandlung

Um die Verhandlung eines Konflikts steuerbar zu machen, müssen verschiedene Ebenen des Prozesses in ihrem Ablauf strukturiert werden. So werden Phasen unterschieden, die im praktischen Ablauf berücksichtigt aber nicht alle gleichermaßen ausführlich abgearbeitet werden müssen.

Gesprächsregeln einhalten

Die Vorlaufphase 0 und die Nachbereitungsphase 5 haben im pädagogischen Handlungsfeld einen anderen Stellenwert als in anderen Mediationszusammenhängen, etwa der Scheidungsmediation. In der Vorlaufphase müssen die Beteiligten beruhigt werden, um ihre Aufmerksamkeit vom akuten Streit auf die Streitlösung zu lenken. Ein Erzählstein, ein altes Mikrofon oder ein Sandsäckchen helfen kleinen Kindern bei der Einhaltung der Gesprächsregeln. Im Stehen läßt es sich nicht gut

Arbeitsformular 2: Phasen der Vermittlung im Konflikt

Vorlaufphase 0 **Information**

____

____

____

____

Phase 1 **Definition**

____

____

____

Phase 2 **Erhellung**

____

____

____

Phase 3 **Sammlung**

____

____

____

Phase 4 **Vereinbarung**

____

____

____

Nachbereitungsphase 5 **Bewertung**

____

____

____

____

verhandeln. Günstig ist, wenn sich die Streitenden gegenübersitzen. Zwischen Kampfhähnen sollte ein Tisch stehen.
Die Phasen 1 und 2 nehmen bei Kindern einen größeren zeitlichen Raum ein, während die Phasen 3 und 4 schneller ablaufen.

durch Rückschau Vertrauen stärken

Die Phase 5 hat eine große pädagogische Bedeutung für das kindliche eigene Entwicklungsbewußtsein. In der Rückschau auf eine weitgehend gelungene Verhandlung entwickelt sich das Vertrauen in die eigene soziale Kraft und die Zuversicht, daß sich Konflikte konstruktiv austragen lassen. Oft reicht eine kleine Nachfrage zur Bewußtwerdung und die kurze Bestätigung des Gelingens. Diese Phase findet zu einem späteren Zeitpunkt statt und kann auch aus einer kurzen Nachfrage bestehen.
Das folgende Phasenbild kann als Kopiervorlage dienen, in die sich Übende Stichworte nach eigenen Erfahrungen eintragen oder sie als Erinnerungshilfe an den Ort der Verhandlungsführung hängen können.

3. Lehrertraining

mit kleinen Alltagskonflikten beginnen

Bevor Pädagogen Kindern die Vermittlung im Konflikt nahebringen, müssen sie sich selber zu Konfliktlotsen ausbilden. Das Lesen allein führt nicht zu sicheren Entscheidungen. Die folgenden Übungen für Pädagogen und Gesprächshelfer können mit Gleichgesinnten – Kollegen, Freunden – durchgeführt werden. Danach werden Gelegenheiten im Handlungsfeld genutzt. Anlässe können kleine Konflikte auf dem Schulhof oder Spielplatz unter Kindern sein, es können auch Konflikte unter Freunden und Familienmitgliedern sein.
Es können aber auch ohnehin anstehende Problemgespräche unter Erwachsenen sein, die zu diesem Zweck einen Gesprächstermin vereinbart haben (Elterngespräche, Gespräche mit schwierigen Mitmenschen).
Konfliktlotsen entlasten die Gesprächsteilnehmer bei schwierigen Verhandlungsführungen von der Steuerung des Gesprächsablaufs.

Gedächtnisprotokolle

Begleitend zu Übungen im Feld ist eine kollegiale Beratungsgruppe nützlich. In ihr werden Erfahrungen ausgetauscht und analysiert. Für die Analyse sind Stichwort- oder Gedächtnisprotokolle sehr hilfreich.

3.1 Die Sprache der Annahme

Die Übung 1 („Türöffner“) trainiert aktives, genaues Zuhören und damit die Fähigkeit, ein Problem als subjektiv bedeutsam anzunehmen. Für die Person A ist die Übung eine Entlastung und der erste Schritt zur Problembehandlung, weil sie Türen in die eigene Gefühls- und Zielebene öffnet. Eine Lösung wird dadurch noch nicht erreicht.

Übung 1: „Türöffner“
5 Schritte der Annahme bei der Problemlösung
(vgl. H. v. Hentig: Das Geschäft der Erziehung ist in erster Linie eine Frage der Beziehungen).
4 Personen, A, B, C, D sprechen über ein Problem von A.
B, C und D nehmen es an, (Notizzettel zu Hilfe nehmen).

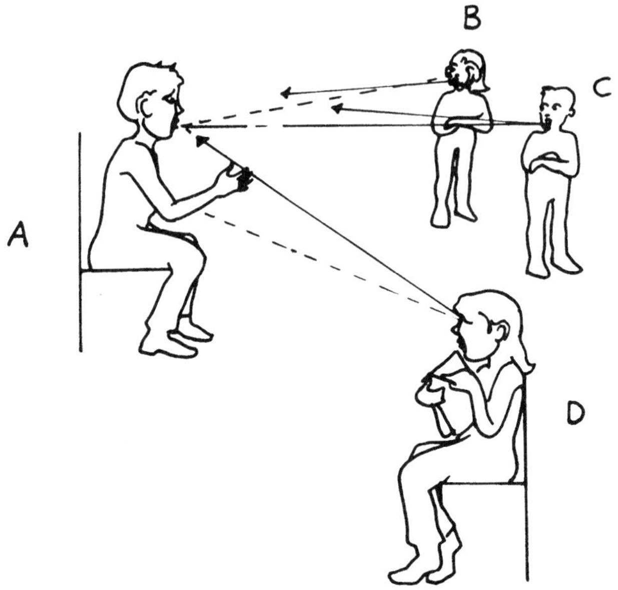

I) Inhalt	A stellt das Problem vor B und C geben die sprachliche Mitteilung wie aus einem Spiegel zurück (Du hast gesagt, daß ... Ich habe dich so verstanden: ...). D spiegelt den nichtsprachlichen Ausdruck: Stimme, Betonung, Mimik, Blickkontakt, Körpersprache. (Dein nichtsprachlicher Ausdruck zeigte ...) Sie stellen ein Einvernehmen auf der inhaltlichen Ebene her.
II) Gefühl	B, C, D erkunden den Gefühlsgehalt (Sicher empfindest du dabei ...? Ich kann mir vorstellen, daß dir dabei ... zumute ist) A präzisiert, bis ein Einvernehmen über den Gefühlsgehalt hergestellt ist. Sie stellen ein Einvernehmen auf der Gefühlsebene her.
III) Wünsche	B, C, D erkunden die Wünsche von A. (Was hättest du denn gern? Was müßte passieren? Was wäre ideal? ...)
IV) Beziehung	B, C, D geben ein subjektives feed-back auf der Gefühlsebene aber keine Ratschläge! (Ich kann dein Problem nachempfinden, weil ...) Sie stellen ein Einvernehmen auf der Wunschebene her.
Rückkopplung	A bildet sich ein Urteil über diese Art der Beratung. (Ich empfinde diese Art der Beratung ...) Sie stellen einen Austausch auf der Metakommunikationsebene her.
Sprachmuster für Türöffner	Die Sprache der Annahme, die durch die Übung „Türöffner" trainiert werden kann, bringt den Prozeß auf der Beziehungsebene in Gang. Dabei ist es notwendig, den Gefühlsgehalt in Verbindung zur (Sprach-)Handlung in Worte zu fassen. Türöffner finden sich auf verschiedenen, nicht nur verbalen Kommunikationsebenen:

nonverbal: Blickkontakt, Notizzettel, nicken, das Ohr nähern (falls viele Nebengeräusche).

verbal, spracharm: hm, aha, verstehe, soso, ich höre

verbal: So ist das also; ich verstehe; das hört sich ja schlimm an; klingt problematisch; das ist nicht leicht/einfach für dich/euch; erzähl mal genauer; darüber muß man in Ruhe sprechen/nachdenken; deshalb brauchst du jetzt jemanden zur Besprechung ...

Spiegelungen

verbal-inhaltlich: du hast gesagt, daß ...; ich habe verstanden, daß ...; habe ich richtig verstanden, daß du meinst ...?; um es mal mit meinen Worten auszudrücken ...

Auf der Situations-, Gefühls- und Beziehungsebene als vermutende und vergewissernde Rückmeldungen:
Wenn ... (Situation), dann ... (Gefühl)
... ist das für dich sehr schlimm?!
... entsteht in dir ein schlechtes Gefühl? Wie ist das?
... hast du Angst, Furcht, Sorge, daß ..?
... fühlst du dich unverstanden, verunsichert, gestreßt, angespannt, gekränkt, hilflos, ungerecht behandelt, benachteiligt, geringgeschätzt, für dumm verkauft, überlastet, überfordert?
... entsteht in dir Neid, ein schlechtes Gewissen, ein Schuldgefühl, Zorn auf ..., Wut über ..., Argwohn, der böse Verdacht ..., das Gefühl der Bedeutungslosigkeit, Erleichterung?

Diese Rückmeldungen entschärfen heftige Gefühle und deeskalieren in der Konfliktbearbeitung. Mitunter wechseln die Gefühle schnell. Die Sammlung der Türöffner darf nicht formal hergeplappert werden, sie soll nur eine inhaltliche Hilfestellung sein, für die jeder sinngemäß sein eigenes Sprachmuster entwickelt. (Konfliktlotsen benötigen die Sprache der Annahme in der Phase 1 und 2 – s. o. Arbeitsbogen 2.)

Übung 2: Definition des Problems

das Problem ist problematisch – nicht die Personen

Haben die am Konflikt beteiligten Personen nacheinander berichtet, was geschehen ist, faßt der Konfliktlotse das Problem möglichst so zusammen, daß sich die Beteiligten damit identifizieren können. Dazu werden nicht die Personen als problematisch benannt, sondern das Problem wird als zwischen ihnen stehend oder sie beide verbindend formuliert.

Sprachmuster:
Es gibt ein Problem zu folgendem Sachverhalt...
Zwischen euch steht ein Ärgernis, das sich dadurch zeigt, daß ...
Jeder hat seine guten Gründe, doch tritt in der genannten Situation ein Gegensatz der Interessen auf...
Es entstehen belastende Nervereien durch folgende Situation ...
Ein fast unüberwindlicher Gegensatz zwischen euch ist entstanden, weil ...
Ein scheinbar schwierig zu lösendes Problem belastet euch ...
Für das Problem ... wird eine Regelung gebraucht.

Übung:

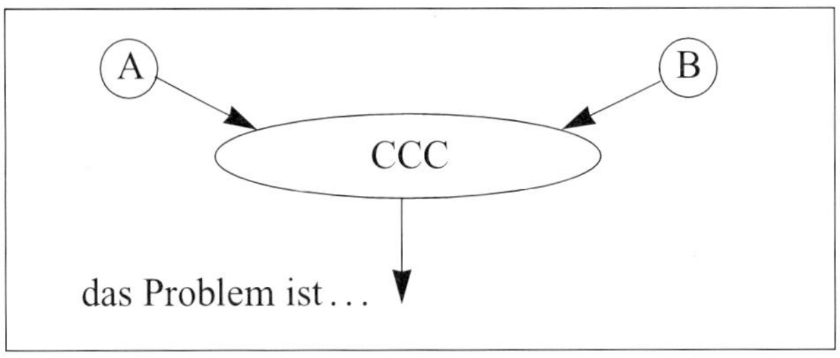

Ein tatsächlich erlebter oder beobachteter Konflikt wird geschildert.
In Rollensimulation tragen die am Konflikt beteiligten (A und B) ihre Sicht nacheinander den Konfliktlotsen (CCC) vor.
Die Konfliktlotsen (CCC) formulieren in Stichworten das Problem so, daß die Beteiligten dem zustimmen können.
(Die „Definition des Problems" brauchen Konfliktlotsen am Ende der Phase 1. Findet sich gerade kein aktueller Konflikt, eignen sich die Arbeitsformulare 4 und 6 in Kapitel I-3.6.)

3.2 Die Synthese

Zielebene

Die Synthese formuliert die Einigkeit in der Uneinigkeit auf der Gefühls- und Zielebene. Sie führt die beiden Streitparteien zueinander und bahnt Verständnis füreinander an – beispielsweise: „Ihr seid beide sehr aufgebracht." – „Ihr wollt beide euer Recht." Synthesen sind notwendig, wenn zwei Streitende nur noch wahrnehmen, was sie trennt. Deshalb ist die folgende Übung so angelegt, daß vorerst die Austragung kontroverser Positionen durch Beobachter registriert wird. Die Formulierung ihrer Wahrnehmungen können die Beobachter in einer Synthese artikulieren.

aktives Zuhören

Die folgende Übung 3 („Die Synthese") trainiert aktives, genaues Zuhören und Beobachten, die Sensibilisierung für Lichtpunkte sowie die Formulierung einer Synthese. Kontroverse Streiter werden zueinander geführt, ohne daß der Konflikt bereits gelöst wird.
Durch die Spiegelung stellt sich der Zuhörer bewußter auf seinen Gesprächspartner ein und nimmt besser die Beweggründe für die gegnerische Position wahr. Dadurch bezieht er sich in seiner Argumentation mehr auf das Gehörte. Die Denkweise des Gegenübers erschließt sich.
Ähnlich der Einübung des sinnerfassenden Lesens wird sinnerfassendes Hören geübt.
Beobachter C decken ein angebahntes Verständnis für die Problemlage auf. Was im Wechselgespräch nur indifferent von den Streitenden wahrgenommen wurde, wird verdeutlicht.
Beobachter D verdeutlichen Gefühle und Interpunktionen zwischen den Streitenden, die sich jenseits des gesprochenen Inhalts verbergen.
(Synthesen brauchen Konfliktlotsen in den Phasen 0, 1, 2, 3 – s. Arbeitsbogen 2.)

Übung 3: Die Synthese

2 Personen, A und B, sprechen nacheinander über ein kontroverses Thema. Gruppe C und Gruppe D beobachten gezielt.
Doch bevor die Kontrahenten ihre eigene Position mit einem Beitrag entgegensetzen, müssen sie die Position des anderen erst spiegeln (Notizzettel ist hilfreich). Das geschieht mehrmals im Wechsel.

nichtsprachlicher Ausdruck

Mehrere C spiegeln unterschiedliche Positionen und Begegnungen (Notizzettel nötig); mehrere D spiegeln den nichtsprachlichen Ausdruck: Körpersprache, Mimik, Stimme, Betonung, Lautstärke, Blickkontakt (Notizzettel nützlich).

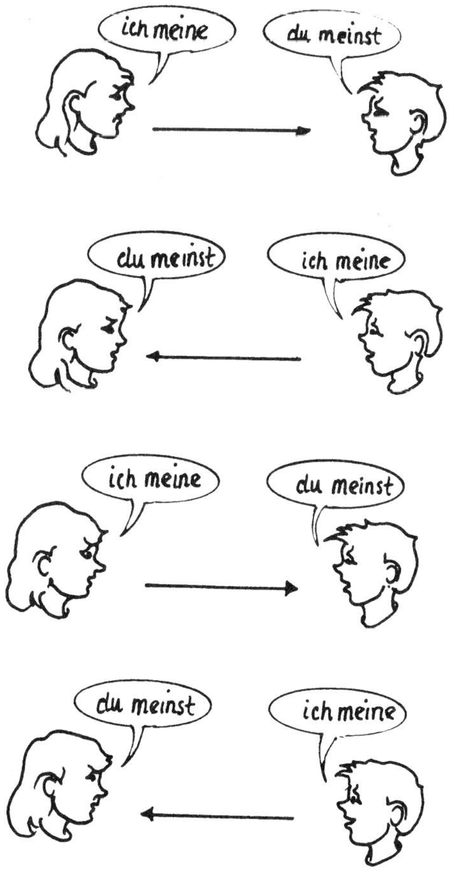

Beobachter C

Beobachter D

C eröffnet das Gespräch und sichert die ungestörte Rede nacheinander
A trägt seine Position vor.
B spiegelt den Inhalt. (Du meinst, daß … Ich habe dich so verstanden: …)
B trägt seine Position vor.
A spiegelt den Inhalt. (Du meinst, daß … Ich habe dich so verstanden: …)
A
B
B
A

„Lichtpunkte der Uneinigkeit“

Gruppe C faßt die gegenpoligen Positionen zusammen und benennt Bereiche, in denen Begegnungen der Streitenden möglich sind. Die Gruppe C ist sensibel für „Lichtpunkte der Uneinigkeit“. („A, deine Meinung ist …“ – „B, deine Meinung ist …“ – „Keine Gegensätze seht ihr in der Frage, daß…“)

Gruppe D spiegelt den begleitenden nichtsprachlichen Ausdruck: Stimme, Betonung, Mimik, Blickkontakt, Körpersprache. („Dein nichtsprachlicher Ausdruck sagte …“)

Für die Übung „Die Synthese“ sind die nachfolgend aufgeführten Sprachmuster geeignet:
Es ist für euch beide sehr schlimm, stressig, belastend, aufreibend, ärgerlich, fürchterlich, nervig, erschreckend, unangenehm, peinlich, beängstigend ...
Ihr seid beide sehr aufgeregt, genervt, empört, an der Grenze des Erträglichen, gestreßt ...
Ihr braucht beide erstmal frische Luft, um euch zu beruhigen.
Beide könnt ihr nicht mehr ruhig, verständig, nüchtern ... reagieren,
... in Frieden miteinander auskommen,
... freundlich miteinander umgehen.
Ihr fühlt euch beide schlecht behandelt,
... zu Unrecht angegriffen,
... in euren Erwartungen enttäuscht.
Ihr fürchtet beide, daß der andere dich einmachen will, dich fertigmachen will,
... sich rächen will,
... dich nicht respektiert, dich nicht achtet,
... dich nicht mehr als Mitmensch wahrnimmt ...,
... in dieser Situation ein hoffnungsloser Streithahn ist,
..., daß mit dem anderen nichts Vernünftiges mehr geht,
..., daß es eine aussichtlose Situation/aussichtsloser Fall ist.
Ihr möchtet euch beide durchsetzen,
... selbst behaupten.
Ihr möchtet beide, daß es nach eurem Willen geht,
..., daß ihr erfolgreich aus dem Streit rauskommt.
Beide möchtet ihr gleichermaßen, daß es eine bessere Lösung für euch gibt,
... daß es erfolgreiche Wege gibt,
... daß ihr befriedigender klarkommt.
... eigentlich keine Gewalt.
Ihr meint beide, ihr habt gute Gründe für ein kämpferisches Verhalten,
... ein ehrenwertes Ziel in dem Streit,
..., was ihr wollt, ist gerechtfertigt.

Metaphern und Allegorien

3.3 Die Beziehung

Ihre Beziehung können Streitende nicht immer treffend beschreiben. Metaphern und Allegorien, vermutend und vergewissernd angeboten, helfen mitunter bei der Klärung. Sie können vom Konfliktlotsen eingebracht werden.
Metaphern zur Beziehungsklärung:

1. symmetrisch, gleicher als gleich
* Nord- und Südpol
* Zwei linke Schuhe
* Zwei Kampfhähne
* Zwei kollidierende Eisberge
* Zwei verhedderte Wollknäuel

2. asymmetrisch, hierarchisch, abhängig
* General und Soldat
* Windbeutel und Backpulver
* Tanzbär und Dompteur
* Marionette und Puppenspieler
* Spielball und Schläger

3. symmetrisch, ungleich
* Falke und Turm
* zwei ungleiche Brüder
* Hund und Katze
* Onkel und Tante
* Schneeweißchen und Rosenrot
* Feuer und Wasser

4. komplementär, Teile eines Ganzen, sich ergänzend
* Baum und Wurzel
* Surfbrett und Segel
* Wirt und Gast
* Orchidee und Gärtner
* Blüte und Biene
(Allegorien und Metaphern helfen Konfliktlotsen in der Phase 3 – s. o. Arbeitsformular 2, S. 28)

3.4 Erste Anwendung im Feld

Fallbeispiel: Hauen, daß die Nase blutet
Schulhof, Menschentraube: Ein Sch. in der Mitte blutet heftig tropfend aus der Nase. Der Konfliktpartner rennt fort. Alle sind sehr aufgebracht. Ein Mädchen gibt dem Blutenden ein Taschentuch. L. ruft den zweiten Konfliktpartner hinzu und versucht, die Herumstehenden zurückzuschicken. Einige wollen sich nicht entfernen, drängen immer wieder heran:
Ich bin Zeuge!
A ist Schuld!
B muß zu Fr. E. (Schulleiterin)
Der muß einen Tadel kriegen!
Der aber auch! (Mediationszone oder -raum nötig!)
L: Wer hat das Taschentuch gereicht?
M: Ich.
L: Das ist schon mal ganz prima. (Bestärkung der sozialintegrativen Kraft).
Bleib mal hier.
Die anderen Zeugen brauchen wir nicht. (Aus der Affektsituation nehmen.)
Ihr könnt spielen gehen. Das bringen die Betroffenen allein in Ordnung.
zu B: Nasenloch zuhalten! Kopf nach vorne!

Phase 1

Wer will zuerst sprechen? (zum Blutenden:) Kannst du sprechen?
B: Nein, soll er mal anfangen.
A: Er hat mich gehauen! Ins Gesicht! Da hab ich ihn mit'nem Schneeball zurückgehauen.
L: Du bist noch sehr aufgeregt, was? (Aufnahme des Gefühlsgehalts.) Kannst du ihm trotzdem mal selbst, nicht mir sagen, wie du das siehst?
A: Du hast mich ins Gesicht gehauen … usw.
B spricht ins Tuch.
L: Verstehst du, was er meint? Nein?
zu A: Beug dich doch mal ein bißchen zu ihm hinunter, damit du verstehst (Zusammenführung).
B: Du hast mich von hinten festgehalten, da hab ich so (zeigt es) gemacht.

Phase 2

L: Du wolltest, daß er dich losläßt? (Annahme des Motivs)
B: Ja.
L zu A: Er wollte sich nur losreißen. Er wollte dich gar nicht schlagen (Spiegelung des Motivs).
A: Aber er hat voll hier getroffen!
L: Tat gemein weh, wie? (Annahme des Gefühls)
L: Seid ihr Feinde? Habt Ihr oft böse Auseinandersetzungen? (Beziehungsdefinition)
Beide: Na, nö, so schlimm ist es nicht.
L: habt ihr gelernt, was bei Nasenbluten zu tun ist? (Wende zur Kollaboration)
Beide: Nein.
Mädchen reicht noch ein Tuch
(kann Gefühl in konstruktive Handlung umsetzen).

Phase 3

L zu A: Jetzt darfst du mal einen Schneeball holen.
A holt einen Schneeball und wird angeleitet, diesen dem Blutenden vorsichtig in den Nacken zu halten.
L zu B: Paß auf, es wird kalt!
zu A: Das machst du richtig. Wirst gleich sehen, daß es hilft. Kurz danach: Kopf hoch, nachsehen, ob es nachgelassen hat. Das Bluten hat aufgehört. Helfende Hände machen ein Ende. (Synthese)
Umstehende: I-i, der ist voll Blut.

Phase 4

L zu A: Kannst du ihm helfen, alles wieder sauber zu bekommen? (Zusammenführen)
A: Klar! zum Mädchen: Hast du noch ein Taschentuch?
Beide gehen zur Toilette, um B abzuwaschen.
L zu Mädchen: Du hast prompt reagiert. Toll! (Bestärkung der sozialintegrativen Kraft)

Phase 5

Abschluß: bestand hier in der Niederschrift und späteren kurzen Nachfrage, ob A und B nochmals Schwierigkeiten miteinander hatten.

Analyse des Fallbeispiels

Das Beispiel „Hauen, daß die Nase blutet" zeigt, wie die vorangegangenen Übungen in der Praxis angewendet werden: Konfliktlotsen versuchen, sich vermittelnd einzuschalten.

im Gedächtnisprotokoll die Phasen erkennen

Ähnlich der Vermittlung auf dem Schulhof, helfen auch Gedächtnisprotokolle, sich die eigenen Handlungsschritte bewußtzumachen. Obwohl die einzelnen Phasen nicht scharf voneinander getrennt sind, wird durch ein Gedächtnisprotokoll der Phasenablauf erkennbar und der Vermittlungsprozeß schrittweise durchgearbeitet.

Phase 1 – Verhandlungsraum notwendig (Gesprächsecke oder -laube)
– hilfreiches Mädchen bestärken
– Vermittler nimmt Gefühl an und weist dann von sich ab
– Streitende zu schnell zusammengeführt
– Chance der körperlichen Annäherung genutzt

Phase 2 – Annahme von Motiv und Beziehung für beide akzeptiert
– mangelnde Erste-Hilfe-Kenntnis akzeptieren

Phase 3 – Erste Hilfe handelnd erfahren
– folgerichtige Entscheidung: Schaden beheben

Phase 4 – besser als Vertragshandlung prompte Kooperation
– Mädchen namentlich merken, evtl. als Konfliktlotse anwerben

Phase 5 – kurze Erinnerung an den Vorfall angemessen

3.5 Einvernehmen und Eigenmeinung

persönliche Meinung

In der Phase 3 der Vermittlung im Konflikt – Sammlung von Ideen – werden verhandelbare Vorschläge gemacht. Dabei werden auch persönliche Meinungen deutlich und in Form eines Vorschlags unter mehreren möglichen Anregungen vorerst grundsätzlich akzeptiert. Für Kinder ist es wichtig, daß ihre persönliche Meinung gefragt ist und in die Entscheidungsfindung einbezogen wird – das hat eine stärkende Wirkung auf das Selbstbewußtsein.
Streitende lernen in der Phase 3, daß sie nicht in allen Gesichtspunkten übereinstimmen müssen, um eine einvernehmliche Lösung für ihren Streit zu finden. Einvernehmen und Eigenmeinung können gleichzeitig nebeneinander bestehen. Diese mögliche Gleichzeitigkeit wird in der Übung „Einvernehmen und Eigenmeinung" (Arbeitsformular 3, S. 38) selbsterfahrend erkannt. Ähnlich den Intentionen dieses Leitbogens können Konfliktlotsen dann bei der Vorschlagsfindung behilflich sein.

3.6 Problemlösung

Kreativitätstraining

Die Phase 3 beinhaltet aber noch eine andere Ebene: Dem Brainstorming im Kreativitätstraining vergleichbar benötigt die Vermittlung im Konfliktfall eine Kreativphase. Kreativübungen helfen, daß die Suche nach Lösungsideen nicht in einem beschränkten Rahmen steckenbleibt.
Die Schritte des Kreativitätstrainings beinhalten:
1. Problemformulierung
2. Inkubationszeit
3. Ideenerweiterung
4. Sichtung, Reduktion, Entscheidung
5. Ergebnisprotokoll

Mit dem Arbeitsformular 4 („Lebendige Schulgestaltung") werden diese Schritte an einem Beispiel geübt.

Fantasiereise

Um sich im kreativen Prozeß für Einfälle zu öffnen, bedarf es häufig der Befreiung vom Problem- und Leistungsdruck. Hilfreich kann es sein, eine Pause einzulegen, andere Inhalte und eine gelöste Stimmung herbeizuführen. In diesem Fall eignet sich beispielsweise eine Fantasiereise zum vergangenen Ich. Der Text des Arbeitsformulars „Die Reise zum vergangenen Ich" (Arbeitsformular 5, S. 40) ist für Erwachsene und Jugendliche gleichermaßen geeignet.
Eine weitere Kreativitätsübung geht auf die Verbesserung des schulischen Arbeitsmilieus ein. Das Arbeitsformular „Lehrer brauchen eine Fluchtburg" (Arbeitsformular 6, S. 41) wendet sich dem Wohlleben der Lehrer zu, das schließlich für das Klima aller am Schulleben Beteiligten bedeutsam ist.

3.7 Streß abbauen

Atemübung

Um innerhalb von Problemsituationen Streß abzubauen, sind Atemübungen wie beispielsweise die auf Seite 42 folgende gut geeignet:

Arbeitsformular 3: Einvernehmen und Eigenmeinung

Lehrerübung (3 Personen beraten gemeinsam)

Namen der Gruppenmitglieder: 1 ______________________

2 ______________________

3 ______________________

Wir meinen gleichermaßen, Kinder brauchen heute mehr ______________________

____

____

____

Wir meinen gleichermaßen, Kinder brauchen weniger ______________________

____

____

____

Unterschiedlich schätzen wir die Bedeutung folgender Einflüsse ein:

1 ______________________

2 ______________________

3 ______________________

Eigene mögliche Schritte der Veränderung im Schulalltag sind am ehesten denkbar in Richtung

1 ______________________

2 ______________________

3 ______________________

Gleichermaßen meinen wir, Lehrer brauchen mehr Fortbildung im Bereich

____

____

____

____

Der Lehrende lernt die Vermittlung auch durch die Rückkopplung der Lernenden. Ähnliches sollten Lehrer gelegentlich auch bei Schülern erfragen.

Arbeitsformular 4: Lebendige Schulgestaltung

Lehrerübung (Problemlösung in 4 Phasen des kreativen Prozesses)

1. Problemformulierung:

Die Schule sieht lebloser aus als sie ist. Bilder wie aus der Serienfertigung regen den Betrachter wenig zum genauen Hinsehen an. Außer Beispielen aus der bildenden Kunst sind keine Belege zu sehen, daß und wie hier gelernt wird. Flure und Treppenabsätze laden nicht ein, sie als Lernstationen einzubeziehen.

Wieviel Teilprobleme enthält das Problemfeld? ______________________

Welches Problem soll zuerst bearbeitet werden? ______________________

____

Was fänden die Beteiligten ideal? (keine Tabus) ______________________

____

____

Welche Lösungen sind aus anderen Schulen bekannt?

____

Wie würde ein didaktischer Verlag das Problem angehen?
(Aspektwechsel)
Wie würde das in Disneyland gelöst? ______________________

____

2. Sich für Einfälle öffnen (s. A5: Reise zum vergangenen Ich)

3. Gibt es weitere Ideen? ______________________

4. Sichtung, Reduktion, Entscheidung

Welche Ideen sind verhandelbar? ______________________

Welche Ideen sind leicht zu verwirklichen? ______________________

Für welchen Zeitraum sollen sie erprobt werden? ______________________

Wer übernimmt welche Handlungen? ______________________

Woran müssen sich alle halten? ______________________

Wer stützt den Prozeß durch Bestätigung? ______________________

5. Ergebnisprotokoll mit Termin der Reflexion

____

____

____

____

Arbeitsformular 5: Die Reise zum vergangenen Ich

Stelle beide Füße nebeneinander auf.
Lege die Arme auf den Tisch,
den Kopf auf die Arme.
Schließe die Augen.
Spüre die Ruhe.

(Musik: Morgenstimmung, Edvard Grieg)

Ganz langsam fahren wir mit der Zeitmaschine zurück
zurück
weiter zurück.

Es ist hell. Die Sonne scheint. Die Luft ist angenehm warm.

Ich sehe mich als kleines Kind, etwa 3 oder 4 Jahre alt.

Ich beobachte das kleine Kind, das ich selbst bin:
wie es spielt,
wie es sich beeilt,
wie es lacht,
wie es sich bückt,
etwas aufhebt.

Ich erkenne, es ist eine kleine Persönlichkeit, die schon
viel Typisches von mir hat.

Die kleine Person sieht mich jetzt,
kommt auf mich zu.

Ich setze mich hinab und spreche das Persönchen an.

——— Pause ———

Die kleine Person sieht mir in die Augen und sagt etwas zu mir.

——— Pause ———

Sie öffnet die Hand und gibt mir das Fundstück, das sie eben fand.

——— Pause ———

Ich sage etwas Freundliches.

——— Pause ———

Ich muß jetzt gehen. Das kleine Persönchen beobachtet mich
noch, wie ich weiter und weiter gehe.
Schwer liegt mein Kopf im Sessel der Zeitmaschine.
Ich atme durch und komme schnell zurück.

Was war an der kleinen Person schon typisch?
Was wurde gesagt?
Was gab sie aus der Hand?

(Anregung von Renate Zöller, Grundschullehrerin)

Arbeitsformular 6: Lehrer brauchen eine Fluchtburg

Lehrerübung (Problemlösung in 4 Phasen des kreativen Prozesses)

1. Problemformulierung:

Lehrer brauchen eine Fluchtburg aus der Streßsituation. Dort möchten sie in Ruhe Kaffee/Tee trinken, um ihr wichtigstes Arbeitsmittel – die Lehrerpersönlichkeit – zu regenerieren. Zu häufig finden sie in der Teeküche keine saubere Tasse, eine gerade geleerte Kanne, Unordnung, Schmutz. Am Platz der Entspannung überfallen sie erregte Kollegen.

Wie viele Teilprobleme enthält das Problemfeld? ______________________

Welches Problem soll zuerst bearbeitet werden? ______________________

Was fänden die Beteiligten ideal? (keine Tabus) ______________________

____

Welche Lösungen sind aus anderen Schulen bekannt? ______________________

____

Wie würde ein Chirurgenteam das Problem lösen? (Aspektwechsel)

____

Wie würde das eine angenehme Familie lösen? (Aspektwechsel)

____

2. Sich für Einfälle öffnen (s. I–3.7: Streß abbauen)

3. Gibt es eine weitere Idee? ______________________

4. Sichtung, Reduktion, Entscheidung

Welche Elemente aus der Sammlung sind verhandelbar, welche weniger?
(abwägen, streichen, belassen)
Welche der Lösung wollen wir vorerst erproben?
Für wie lange wollen wir es erproben?
Wer übernimmt welche Handlung?
Woran müssen sich alle halten?
Wer stützt den Prozeß durch Bestätigung?

Ergebnisprotokoll
Vergleich mit der Ausgangssituation

____

Übung 4: Mein Atem
Setz dich auf den Stuhl. Stell beide Beine nebeneinander auf.
Lehne dich an, daß du die Lehne am Rücken spürst.
Lege die Hände auf den Solarplexus (unter die Brust).
Schließe die Augen.

Ich gönne mir eine Pause. Pause. Pause.
Ich spüre meinen Atem ...
Ich atme tief durch, – tief durch, – tief durch.
Mein Atem verbindet außen und innen ...
Ich laß den Atem geschehen ...
Mein Atem geht von allein ...
Es atmet mich ...

Ich spüre den Atem unter meinen Händen ...
Einatmend laß ich meinen Körper zur Ruhe kommen ...
Ausatmend laß ich meinen Körper zur Ruhe kommen ...
Einatmend spüre ich meinen ganzen entspannten Körper ...
Ausatmend spüre ich meinen ganzen entspannten Körper ...
Mein Körper gibt sich ruhig dem Atem hin ...
Nur mein Atem geht still ein und aus,
geht still ...,
still ...,
still ...

Ähnlich der Übung „Mein Atem" sollten sich Lehrer bewußt Entspannungspausen leisten, um sich den täglichen Anforderungen stellen zu können.
Welche Entspannung zur eigenen psychomentalen Gesunderhaltung am geeignetsten ist, muß jede Person für sich entscheiden. Das „Lehrermittagsschläfchen" mag für einige die günstigste Entspannung sein, während andere eine ständige Anspannung von 8 bis 13.30 Uhr erleben und diese nicht ununterbrochen durchhalten können.

Entspannung

Entkleidet vom ideologischen Überbau unterliegen alle angebotenen Entspannungen, – ob fernöstlich, europäisch oder im neuen Gewand, – ähnlichen Prinzipien. Der Kern jeder Entspannung ist die angeborene Entspannungsreaktion des Körpers. Um diese auszulösen, sind im Bewußtsein zwei Vorbedingungen wichtig:

Stilleübungen

1. Die Aufmerksamkeit konzentriert sich auf einen „mentalen Fokus" (Mandala, Kerzenlicht, Wort, Mantra, Ton, Atem), damit der Strom der aktuellen Gedanken unterbrochen wird. Das Gehirn wird buchstäblich leer.
2. In dieser passiv entspannten Haltung werden Ablenkung und eindringende Gedanken nicht beachtet. Die Aufmerksamkeit wird sanft immer wieder auf den „Fokus" zurückgeführt. Entspannung ist keine Leistung, die sich erzwingen läßt. Man kann sich nur darauf einlassen, den Kopf zu entleeren.

Alle Atem- und Stilleübungen bauen auf einem ähnlichen Grundmuster auf:
1. Nehmen Sie eine bequeme ruhige Haltung ein.
2. Wählen Sie einen „mentalen Fokus", z. B. das Wort „frei", „leer", Ihren Atem, ein Mantra oder Traummusik.
3. Halten Sie die Augen geschlossen.
4. Entspannen Sie die Muskeln.
5. Atmen Sie langsam und natürlich. Beim Ausatmen wiederholen Sie das Fokus-Wort.
6. Ignorieren Sie die wandernden Gedanken, der Fokus hat immer wieder alleinigen Vorrang.
7. Halten Sie die Übung zehn Minuten durch.
8. Räumen Sie sich täglich eine Übungszeit ein.

II Schulpädagogische Arbeit

Im Bereich der Kognitionsforschung gibt es seit den achtziger Jahren ständig neue Erkenntnisse darüber, wie der menschliche Geist funktioniert. Seit J. Eccles und K. Popper die Zwei-Hemisphären-Theorie des Denkens aufstellten, wurden noch genauere und in der örtlichen Zuordnung von Hirnfunktionen teilweise revidierte Kenntnisse formuliert. Dennoch ist die Zwei-Hemisphären-Theorie bis heute die brauchbarste wissenschaftliche Grundlage für das Verständnis und die Planbarkeit von ganzheitlichem Lernen. Besonders im Grundschulbereich wurden aufgrund dieser Theorie neue pädagogische Ansätze entwickelt (vgl. B. Meister-Vitale, 1988; M. Murdock, 1992; H. Zitzlsperger, 1991).

Zwei-Hemisphären-Theorie

Aus der Zwei-Hemisphären-Theorie geht hervor, daß Erkenntnisse und Einsichten, die in die Gesamtpersönlichkeit eingehen, sowohl über sequentielles als auch über simultanes Denken angeeignet werden. Beides – logisches Denken und subjektives Erleben – machen die persönliche Erkenntnis aus.

sequentielles und simultanes Denken

Dieses Wissen kann nicht ohne Konsequenzen auf die schulpädagogische Arbeit bleiben: Entscheidend ist nicht allein die reine Stoffvermittlung, sondern ebenso, ob es gelingt, den Stoff als subjektiv bedeutsam erkennbar zu machen. Dazu bedarf es anderer Vermittlungsformen als der Belehrung.

1. Kognitionsforschung und ganzheitliches Lernen

Die interdisziplinäre „Kognitionsforschung“ kann den ganzheitlichen Zusammenhang von Gefühl, Sprache und Handlung verständlicher machen.
Gedanken, Intellekt und Hände entwickeln sich parallel. Aus Erinnerungen, Wahrnehmungen, Gefühlen, Wünschen und Urteilen entsteht ein geistiges Bild der Wirklichkeit und ein Verständnis des „ICHs“.
Jede Wahrnehmung ist in Gefühle gebadet,
jedes Gefühl weckt Erinnerungen,
jede Erinnerung treibt zu Taten.
(Vgl. Lernen, wie Geist funktioniert – Forscher erkunden das Bewußtsein, Spiegel 11/1992).
Dem Modell der zwei Hemisphären des Gehirns folgend – dem sequentiellen Denken der linken Gehirnhälfte und dem simultanen Denken der rechten Gehirnhälfte – arbeiten diese beiden zusammen (vgl. K. Popper, J. Eccles: 1982). Auch dann, wenn ausschließlich die linke Hemisphäre angesprochen werden soll, begleiten Gefühle und Wertungen zur subjektiven Bedeutsamkeit den Erkenntnisprozeß mit seinen logischen Folgen. Im ungünstigsten Fall für die Lehrperson ist der Inhalt von Angst und Widerwillen begleitet, die Kenntnis kann nicht akzeptiert werden, sie geht nicht in die Gesamtpersönlichkeit ein. Anderes kognitives Wissen aus der linken Hemisphäre wird dem entgegengesetzt und leugnet die unbehagliche Information. Negative Gefühle schieben sich als Störung in den Lernprozeß. Das geschieht z. B., wenn eine Information das Selbstwertgefühl erschüttert, das sich allein aus einem fragwürdigen oder aus Zufälligkeiten zusammengefügten Selbstwert herleitet – stolz, ein Mann zu sein, – stolz, ein Deutscher oder ein Türke zu sein … Das geschieht auch dann, wenn Informationen von einer Person angenommen werden sollen, die auf der Beziehungsebene Geringschätzung der Belehrten ausstrahlt – nach der Devise – „den Dummköpfen muß klargemacht werden, wie dumm sie sind“.
Beim Gefühl der Bedeutungslosigkeit und Langeweile gerät die Kenntnis in das Kurzzeitgedächtnis, sie wird nicht durch den Hypokampus, in dem die Erinnerung gespeichert wird, geschleust. Sie ist bei späterem Abruf in bedeutsamer Situation nicht als Handlungswissen präsent. Die Frage nach der subjektiven Bedeutung von

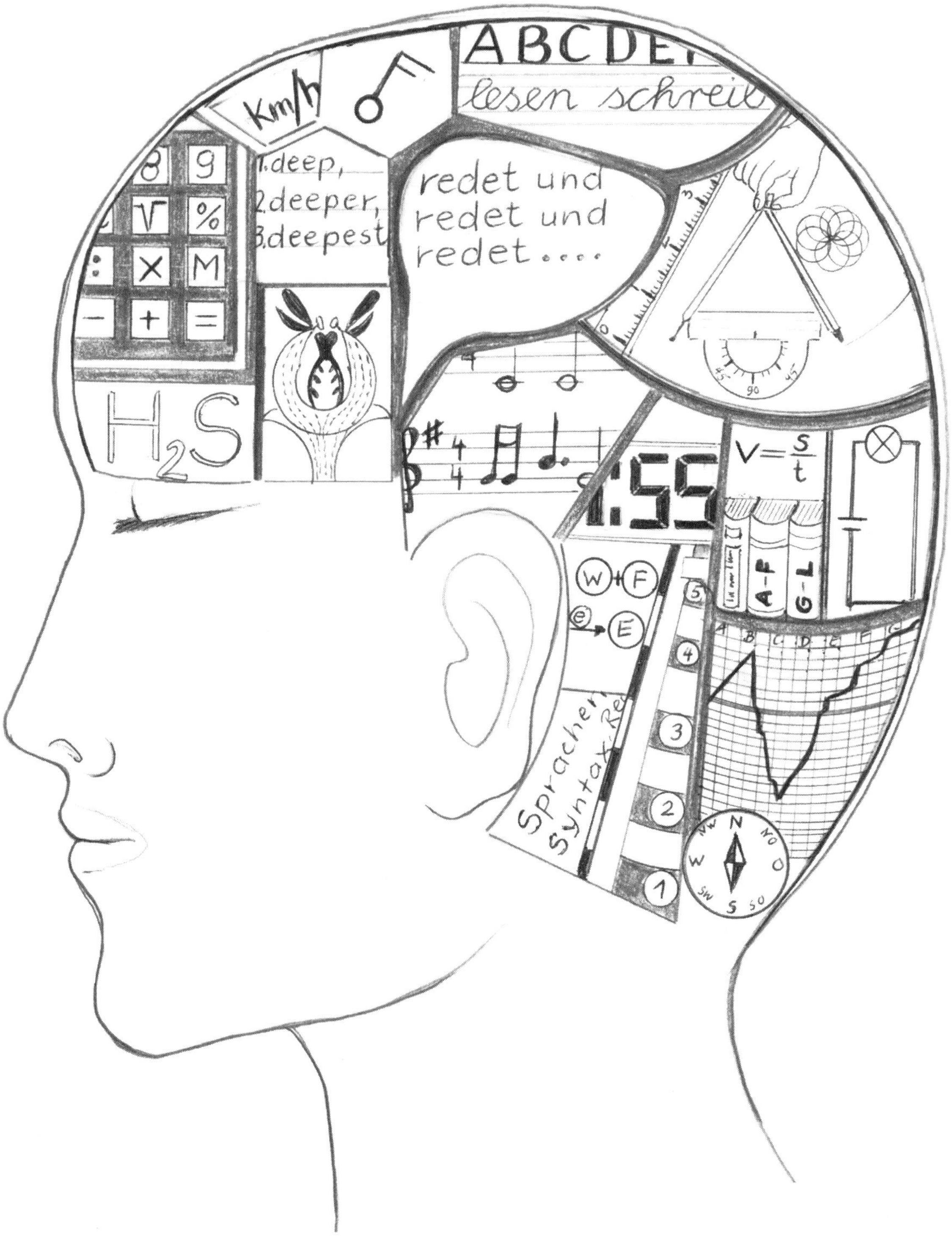

sequentielles Denken (nacheinander)

Folgen, digital, linear, Feinmotorik, Sprache, schnell, Ursacher–Wirkung, gliedert Welt in Teile, weiß „wie“, quantitativ

O. Hagedorn

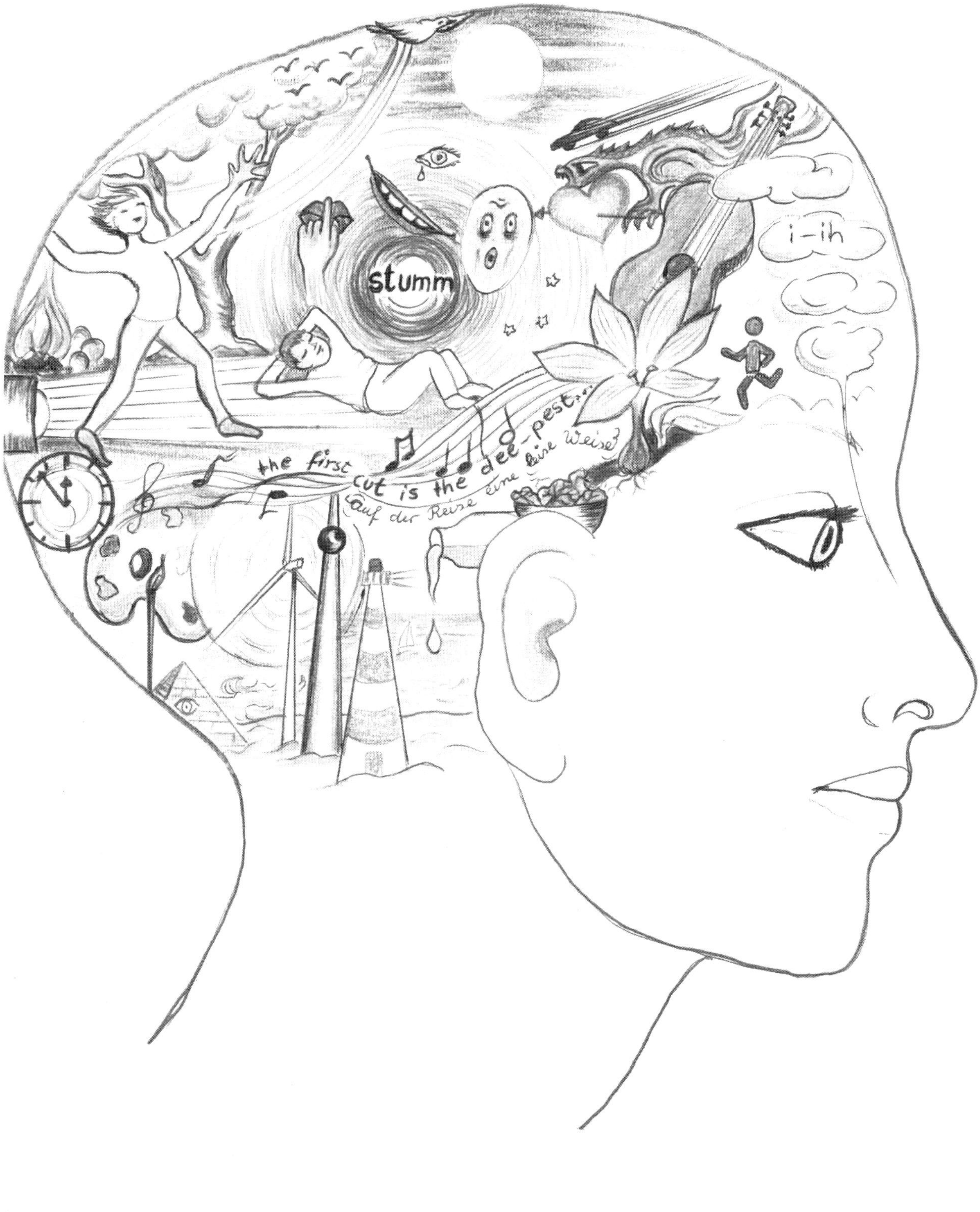

simultanes Denken (gleichzeitig)

Ganzheiten, analog, komplex, Bewegung im Raum, langsam, Assoziationen, subjektiver Sinn, Gefühl, qualitativ

O. Hagedorn

Notwendigkeit und Nutzen des Wissens

neuem Wissen ist nicht nur lernunterstützend, sondern auch ein Lernziel. Bereits 1972 erklärte der Deutsche Bildungsrat, daß es ein Lernziel höherer Qualität sei, den Nutzen und die Notwendigkeit des Wissens beurteilen zu können; zudem trage eine solche Fähigkeit zu einem gesteigerten „motivationalen Gehalt und Wertsystem" bei (vgl. Dt. Bildungsrat 1972, H. Meyer. THEO).
Die subjektive Bedeutung neuer Erkenntnisse wird dem simultanen Denken der rechten Gehirnhäfte zugeordnet, ebenso wie vernetztes Denken, Assoziationen, Kreativität, Gefühl für Inhalte etc. Alle wichtigen menschlichen Tätigkeiten gelingen nur, wenn beide Gehirnhälften ausgeglichen zusammenarbeiten. Die eine Gehirnhälfte kann kaum ohne die Beteiligung der anderen aktiv sein (vgl. J. Levy, 1989, S. 32).
Die Praxis schulischen Lernens geht noch häufig davon aus, daß allein die Anhäufungen von kognitivem Wissen und die damit verbundene Ausbildung des sequentiellen Denkens der linken Gehirnhälfte zur Bildung der Gesamtpersönlichkeit führt. Die Ausbildung allein der dominanten linken Hemisphäre führt jedoch zu passivem Kennen, zu formalem Scheinlernen.
Dieses hat einen fragwürdigen Nebeneffekt: Menschen, deren linke Gehirnhälfte die rechte dominiert, sind bemüht, Probleme und Entscheidungen durch Zahlen, Daten, Fakten oder logische Ableitungen zu bewältigen. Es wird voreilig eingeordnet, analysiert, kategorisiert, bewertet. Alle nicht-logischen Prozesse werden als störend behandelt. Das Prinzip des „entweder – oder" schließt das „sowohl als auch" – Voraussetzung für Toleranz und Kreativität – aus. Wesentlich bestimmende Bereiche des Lebens – Gefühle, verschiedene Sichtweisen, Beweggründe, Werthaltungen, Ungewißheit – lösen Angst aus (vgl. G. Huhn, 1992, H. 4, S. 6 ff.). Um die gesamte Bandbreite der geistigen Funktionen in der Bildung zu entwickeln, darf die Schule nicht gefühlshemmend und blockierend wirken.

statt entweder-oder-Denken sowohl-als-auch-Denken

Erst mit dem Verankern über beide Hemisphären in der Erinnerung kann Wissen in Tat umgesetzt werden.
All die Belehrungen, Argumente und Ratschläge zum Sozialverhalten finden in der Handlungssituation so wenig Niederschlag, weil sie nicht ganzheitlich erfahren wurden. Meist wurde die rechte Gehirnhälfte mit ihren Fähigkeiten – dem Gefühl, den Assoziationen und Analogien, der subjektiven Bedeutsamkeit, persönlichen Betroffenheit, der begleitenden Sinneseinflüsse, der Raum- und Körpererfahrung – nicht genug einbezogen.
Ganzheitliches Lernen versucht, multisensorisch, im subjektiv erlebten Prozeß und kommunikativ beide Hemisphären einzubeziehen (vgl. H. Zitzlsperger, 1991 u. B. Meister-Vitale, 1988).

ganzheitliches Lernen

Das Schaubild S. 47 zeigt in Gegenüberstellung der linken und rechten Gehirnhälfte, welche Funktionen der rechten Gehirnhälfte in den Unterricht eingeplant werden können, um die Lernenden ganzheitlich zu erreichen. Nicht zuletzt deshalb finden neue Lernformen Eingang in die Bildung. Sie schlagen sich nieder in einer Rhythmisierung des Schulalltags, im Lernen mit Lautgebärden für Lernanfänger, in Stilleübungen, Fantasiereisen zu einem Lerninhalt, Autosuggestion vor Arbeiten, rhythmischen und kinästhetischen Übungen, Kommunikations- und Kooperationsspielen, Partnerinterviews, Übungen zur Meinungsbildung, projektgeleitetem Lernen, Reflexionen zum Lernbewußtsein u. v. a. m.

Kooperationsübungen, Meinungsbilder und Projektgeleitetes lernen

Im herkömmlichen Lernverständnis wurde das sequentielle Denken der linken Gehirnhälfte überproportional ausgebildet. Funktionen des simultanen Denkens wie Bewegung im Raum, Fragen nach der subjektiven Bedeutung und Assoziation störten eher den im Vorfeld geplanten Unterrichtsverlauf. Soziales Lernen, ver-

Linke Hemisphäre

verarbeitet Informationen nacheinander

hält sich an eine Reihenfolge: erst A, dann B, dann C (sequentiell)

registriert Einzelheiten: eine Warze

zergliedert die Welt in überschaubare, benennbare Ausschnitte und Teile

ist logisch: sieht Ursache und Wirkung

spricht auf verifizierbare Aspekte der Welt an: 2 × 2

verzeichnet informative Aspekte der Welt

denkt linear

regelgeleitete Ideenbildung: hält sich an vorgegebene, festliegende Strukturen; ist weitgehend abhängig von gespeicherter, organisierter Information

ist syntaktisch, verknüpft Wörter nach grammatischen Regeln

zerlegt: wichtig sind Unterscheidungen

kann komplexe Bewegungsfolgen erinnern

redet und redet und redet

weiß „wie"

verwendet Wörter primär als Zeichen: „eine Frau ist ein Erwachsener weiblichen Geschlechts".

begriffliches Denken

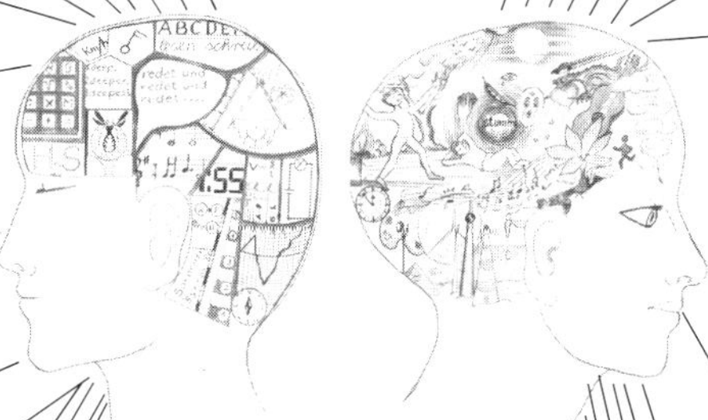

Rechte Hemisphäre

verarbeitet Informationen gleichzeitig

geht simultan vor: erfaßt ein komplexes Bild

erfaßt das Ganze: ein Gesicht

verbindet die Welt zu einem Gefüge von Ganzheiten

ist analog: sieht Entsprechungen und Ähnlichkeiten

spricht auf qualitative, nicht quantifizierbare Aspekte der Welt an: Gefühlszustände

verzeichnet emotionale Aspekte des Denkens

denkt bildhaft

transformative, offene Ideenbildung: hält sich an qualitative, nicht quantifizierbare Strukturen, die nicht in eine bestimmte Reihenfolge gebracht werden, sondern sich um stark gefühlsbesetzte Bilder gruppieren

hat nur eine begrenzte Syntax, reagiert aber auf den Bildgehalt von Wörtern oder auf Sätze als geschlossene Einheiten: den Wortlaut eines Lieds, Gedichts oder Abzählreims

fügt zusammen: wichtig sind Verbindungen

kann komplexe Bilder erinnern

ist stumm, benutzt Bilder und keine Worte

entdeckt „was"

ist empfänglich für die Bilder und Klang der Wörter: „das weite, weiche, weißschenklige Weib". Updike

bildliches Denken

(geht zurück auf Sperry, Eccles & Popper sowie Zitzlsperger 1991, S. 73) netztes Denken, Kreativität, Gefühlskultur, religiöse Gemütsbildung und Sinngebung entwickelten sich nur zufällig, da die Aktivierung des simultanen Denkens zu oft ausblieb.

Rhytmisierung des Lernens

Eine Rhythmisierung des Lernens sieht auch vor, daß Kinder und Jugendliche Assoziationen zu Nachbardisziplinen, Gefühle und Meinungen zusteuern, daß Bewegung im Raum ermöglicht wird und die Sinne einbezogen werden. Im offenen Unterricht, bei Freiarbeit und Projektunterricht sind die Voraussetzungen dafür günstiger.

Sind freie Lernformen noch nicht eingeführt, sollte auf andere Art dem simultanen Denken Raum gegeben werden.

Anregungen zur Meinungsbildung und Entscheidungsfindung

Kinder mitentscheiden lassen

Überlassen Sie alle Entscheidungen, die verschiedene Möglichkeiten zulassen den Kindern selbst, beraten Sie zumindest mit den Kindern, auf welche Absprache sie sich einigen wollen. Lassen Sie Farbentscheidungen fällen, beziehen Sie verschiedenes Licht und bei Stillarbeit leise klassische Musik ein (s. B. Meister-Vitale, 1988).

Schlagen Sie Regeln zur Rhythmisierung des Unterrichts vor. Greifen Sie Regelungsvorschläge von Kindern auf. Räumen Sie verabredete „Brabbelzeiten" zur Meinungsbildung ein.

2. Material für die Unterrichtspraxis

Folgende Übungen, die dem ganzheitlichen Lernen dienen, fördern die notwendigen Fähigkeiten der Konfliktlotsen und führen zu einem begünstigenden Lernklima.

Kreative und erfahrene Pädagogen werden ähnliche Übungen entwickeln und sie als methodisch-didaktische Schleifen zu verschiedenen Lerninhalten einsetzen.

Bewegen im Raum

körperliche Meinungen darstellen

* Verabreden Sie ein akustisches oder optisches Zeichen für die Eröffnung und Beendigung der Bewegungsphase im Raum. Mit der Eröffnung gehen Sie und die Kinder im Raum herum und sichten die Ergebnisse der anderen. Nach Beendigung berichten die Kinder, was sie gut fanden und begründen, warum sie es gut fanden. Dieses Verfahren eignet sich zur Sichtung der Hausaufgaben, künstlerischer und handwerklicher Arbeit, freier kurzer Texte. Zur Entwicklung der Fehlersensibilität gehen „Fehlerdetektive" mit dem Bleistift herum und entfernen Rechtschreibfehler.
* Lassen Sie „ja – nein" Kontrollen durch Aufstehen und Setzen anzeigen.
* Lassen Sie Steigerungs- und Beurteilungsstufen körperlich darstellen.

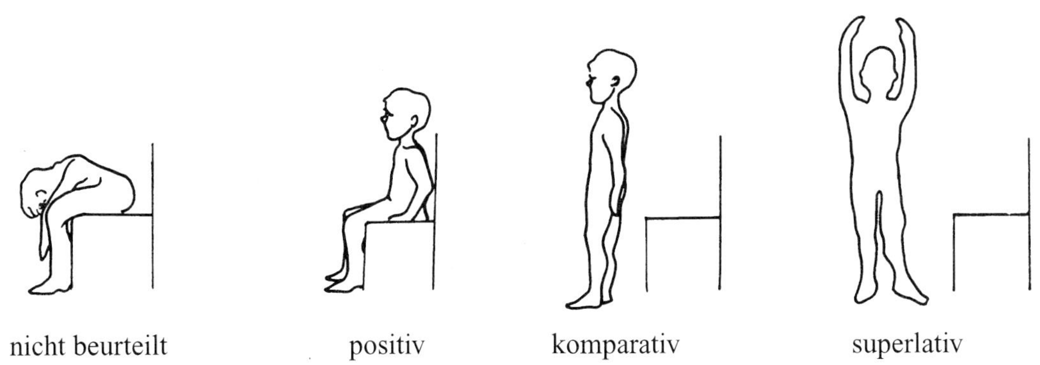

2.1 Ein sozialpädagogisches Klima aufbauen

Körperkontakt

Rückenschreiben

Lassen Sie Inhalte in Partnerarbeit auf die Rückentafel übertragen: Sachkundliche Inhalte, die sich abbilden lassen, künstlerische Inhalte, Buchstaben, Zahlen. Diese Inhalte, aber auch wichtige Wörter oder Gedichte werden von einem Partner auf den Rücken des anderen übertragen. Dieser sitzt im Reitersitz mit Armen und Kopf auf der Stuhllehne.

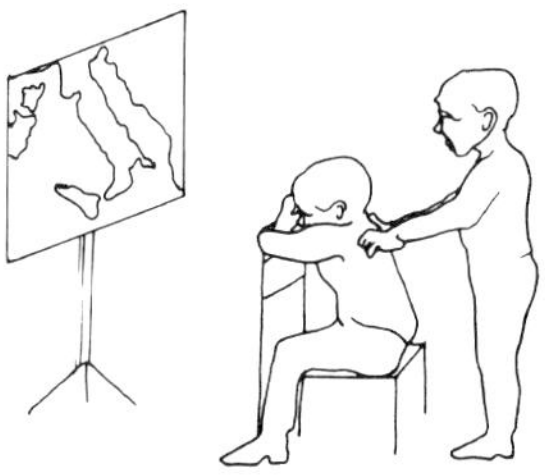

Auf diese Weise werden Lerninhalte um kinästhetische Wahrnehmungen erweitert. Wird dieses Verfahren kleinschrittig aufgebaut und regelmäßig genutzt, baut es Berührungsängste unter den Kindern ab.

Mit der Beispielübung „Die Stadt Rom" soll das Angesprochene verdeutlicht werden.

Anleitung zur Partnerübung „Die Stadt Rom"

Die Stadt Rom	Rücken-Streichelmassage	Innere Beteiligung
Rom ist eine große Stadt die hunderttausend Häuser hat,	über den ganzen Rücken streicheln, zweihändig Kästen zeichnen	einstimmen fühlen
in denen Millionen Menschen wohnen,	Finger trippeln längere Zeit über den Rücken	
In jedem Park gibt es Zikaden, die dich zu Zirpkonzerten laden.	Stoff zupfen, beidhändig mit Fingernägeln über den Stoff kratzen von der Mitte nach außen	lauschen
Viel Blumen blühen, rot und weiß, und jeden Sommer ist es heiß,	10 Finger kreisen auf dem Rücken; in den Stoff am Nacken blasen (Lippen auf den Stoff und blasen, flache Hand prüft Hitze)	genießen
Auf sieben Hügeln steht die Stadt, die hunderttausend Häuser hat,	Hügel modellieren: 2 Hügel auf die Schulter, 2 Hügel in den Nacken, 2 Hügel auf den Bizeps, 1 langen dünnen Hügel die Wirbelsäule herunter (langsam und weich streichen, die Wirbelsäule entlasten – s. Abb. unten)	
und Marmorsäulen, weiß und kalt, die sind zweitausend Jahre alt.	2 Finger fahren mehrfach hoch und runter; die Zahl 2000 auf den Rücken schreiben und dann fragen: „Wieviel Nullen waren es?"	
	Rückkopplung und Partnerwechsel	

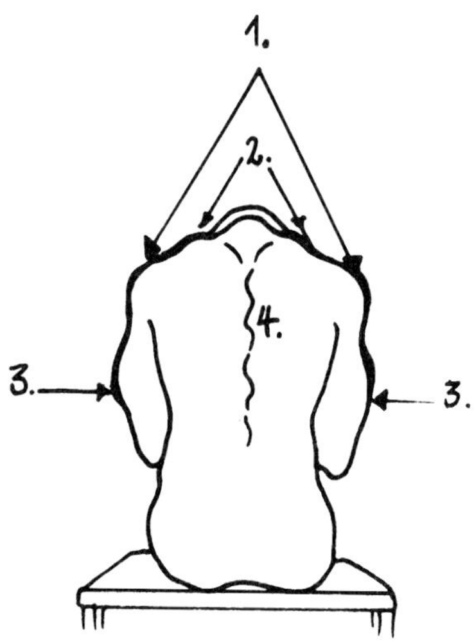

Name: ______________________ Klasse: __ Datum: ______ 1

Die Stadt Rom

Rom ist eine große Stadt,
die hunderttausend Häuser hat,
in denen Millionen
Menschen wohnen.

In jedem Park gibt es Zikaden,
die dich zu Zirpkonzerten laden.

Viel Blumen blühen, rot und
weiß,
und jeden Sommer ist es heiß.

Auf sieben Hügeln steht die
Stadt,
die hunderttausend Häuser hat

und Marmorsäulen, weiß und
kalt,
die sind zweitausend Jahre alt.

(Bruno Horst Bull)

Name: ______________________ Klasse: __ Datum: ______ 2

Entstressen – Entspannen

Wenn Menschen streiten, sind sie oft sehr aufgeregt. In der Aufregung können sie nicht klärend streiten. Sie müssen sich erst einmal beruhigen.

Wie beruhigst du ein Haustier, wenn es sehr aufgeregt ist?

Welche körperliche Berührung hilft?

Wie muß die Stimme klingen? Was sagst du?

Was hilft dir, wenn du selbst sehr aufgeregt bist?

Wann wirken diese Mittel beruhigend auf dich?

Körperliche Anstrengungen,

Traummusik,

Feuer,

Wasser,

Weiche Dinge,

Berührung,

Stimme,

Worte.

Wie geht dein Atem, wenn du ganz ruhig bist?

Wie geht dein Atem, wenn du aufgeregt bist?

Der Atem ist die Verbindung zwischen innen und außen. Er zeigt Situationen der Anspannung und Entspannung. Wer in der Aufregung tief durchatmet, versucht, seine Aufregung wieder in den Griff zu bekommen.

Dauernder Streß macht Menschen krank. Wer viel Streß hat, muß sich bewußt entstressen. Kennst du Methoden, mit denen sich Erwachsene entstressen?

Im Anschluß an diese Übung können die Klangmelodien in einem gemeinsamen Beruhigungsorchester (Übung 3) zu einem „Klangbild“ verbunden werden.

Übung 3: Beruhigungsorchester
(Halbkreis, Recorder)
Ein Kind sitzt in der Mitte.
Ein „Dirigent“ (Spielleiter, Kind) verabredet mit allen Mitspielern Start- und Endzeichen für das Beruhigungsorchester. Jeder Mitspieler hält im Kopf ein erstes Sprach- und Stimmuster bereit. Auf ein Dirigentenzeichen hin setzen alle ihre beruhigenden und tröstenden Beiträge ein.

beruhigen

Reflexion: Das Kind in der Mitte berichtet danach, was es empfunden hat. Anschließend wechselt ein anderes Kind mit Kummer in die Mitte. (Zur Reflexion ist auch eine Tonbandaufnahme des Beruhigungsorchesters günstig.)

Übung 4: Och do ormer schworzer Koter
(Stuhlkreis)
Ein Kind ist der Kummerkater und wendet sich mauzend an einen Mitspieler. Dieser tröstet ihn gestisch, stimmlich, mit dem Sprachmuster s. o. Fühlt sich der Kater angenommen, schiebt er sich auf den Stuhl oder Schoß.

annehmen

Reflexion: Rollen eingehalten? Wie ging es dem Kater an den Stationen? Was war gelungen?

Übung 5: Zwei knurrende Hunde
(2 Halbkreise)

knurrende Hunde trennen

Aus jedem Halbkreis werden ein knurrender Hund, sein Frauchen und Herrchen bestimmt. Beide Hunde kläffen sich an, knurren und wollen aufeinander losgehen. Die Hundehalter müssen versuchen, ihr Tier davon abzuhalten.
Reflexion: Rollen eingehalten? Was war schwierig? Welche Handlungsmöglichkeiten gibt es?

Übung 6: Reise durch den Körper
Lehreranweisung: Lege dich flach auf den Rücken (Decke), die Beine leicht gespreizt, die Arme entspannt neben dem Körper. Schließe die Augen. Konzentriere dich auf deinen Atem.

Atementspannung

Ich atme durch die Nase. Ich kontrolliere, wie sich Brust und Bauch heben und senken. Ich atme tief durch. Beim Ausströmen nimmt mein Atem die Spannung aus meinem Körper mit. Mein Atem verbindet außen und innen. Ich laß ihn geschehen. Mein Atem geht von allein. Mein Atem nimmt die Spannung raus.

Mein Atem nimmt die Spannung aus mir,
aus meinen Füssen,
aus meinen Beinen,
aus meinem Rücken,
aus meinem Bauch,
aus meiner Brust,
aus meinen Armen,
aus meinen Schultern,
aus meinem Nacken,
aus meinem Kinn,
aus meinen Augen,
aus meinen Schläfen.
Alles ist schwer

Ich öffne den Mund

mein Kinn ist schwer,
mein Kopf ist schwer, frei und kühl.

Ich atme tief durch

3 mal tief durch,
öffne die Augen und recke mich.

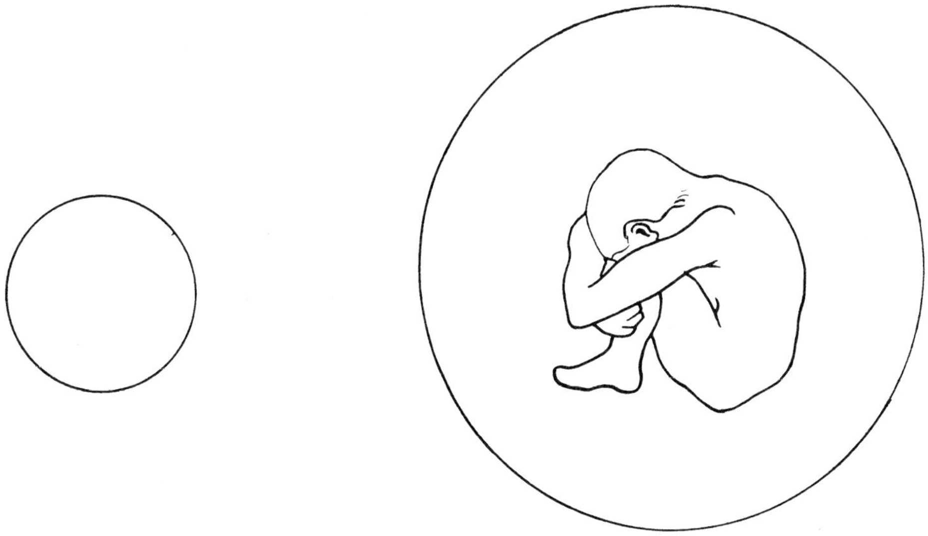

wie ein Embryo

Übung 7: Haus der Stille
Suche dir einen Platz, an dem du dich ungestört wie ein Embryo zusammenkauern kannst. Schließe dich ganz eng zusammen. Niemand kommt an dich heran. Diese Zeit gehört nur dir. Alles bleibt draußen, nichts kann zu dir herein. Du bist allein für dich da. 10, 9, 8, 7, 6, 5, 4, 3, 2, 1, 0 … nimm die Worte in deine Gedanken:

Ich schließe die Augen.
Ich lausche nach innen.
Alles Fühlen geht auf meinen Körper.
In meinem inneren Haus ist es tief dunkel, leer und warm.
Meine Beine sind ruhig und schwer.
Meine Arme sind ruhig und schwer.
Mein Atem geht ruhig ein und aus. Er geht allein ein und aus. Er hat einen gleichmäßigen Rhythmus. Jeder Takt macht meinen Kopf leer, leer, leer.
Ich spüre den Atem in meinem Rücken. Er nimmt alles mit raus. In mir ist alles frei.

10, 9, 8, 7, 6, 5, 4, 3, 2, 1, 0, der Atem nimmt mich mit hinaus. Ich atme tief durch und recke mich.

2.3 Aktiv zuhören

genau zuhören

Ohne die Fähigkeit, aktiv zuzuhören und unter verschiedenen Gesichtspunkten hören zu können, sind eine Metakommunikation und die Vermittlung im Konflikt kaum möglich. Oftmals muß erst ein Bewußtsein dafür geschaffen werden, daß das genaue Zuhören – ähnlich dem genauen sinnerfassenden Lesen – eine Fähigkeit ist, die sich üben und beobachten läßt. Die Bedeutung dieser Fähigkeit kann besonders aus angenehmen Gesprächssituationen in Erinnerung gebracht werden. Vom Sprechenden wird die Bereitschaft zuzuhören als angenehm erfahren. Gut zuhören

zu können ist eine wesentliche Grundlage der Kooperations- und Beziehungsfähigkeit im sozialen Miteinander.
Die folgenden 12 Übungen dienen dazu, das Vermögen des aktiven Zuhörens zu trainieren.

Übung 1: Was bei uns klingt
(Stilleübung mit Reflexion)
wahrnehmen
Die Kinder legen ihre Arme und den Kopf auf den Tisch und konzentrieren sich auf ihre Wahrnehmungen. Nach einer Minute strecken sie sich kurz und berichten, was sie wahrgenommen haben. Sie werden feststellen, daß sie ganz unterschiedliche Eindrücke hatten.

L. schreibt an die Tafel:

innen	*außen*	(darunter kann er dann etwa so notieren:)
Magen	Autos	
Herzklopfen	Wind	
...	...	

Dann erklärt L.: Wer seine Aufmerksamkeit nach innen auf seine Körperfunktionen richtet, entspannt sich. Wer einen Sinn (den Gehörsinn, den Augensinn, den Tastsinn) allein nach außen richtet, schärft seine genaue Wahrnehmung und seine Fantasie, um sich ein eigenes Bild zu machen.

Übung 2: Gutes und schlechtes Zuhören
L. holt ein Kind in die Mitte, fragt nach einem Erlebnis und hört schlecht zu. (L. wendet sich ab, unterbricht, kramt in der Tasche, schreibt etwas auf...) Das Spiel wird unterbrochen, Beobachtungen aller Kinder werden erfragt, das Zuhören beurteilt.
L und Kind zeigen einen zweiten Durchgang. Jetzt hört L aktiv zu.
Das Verhalten wird verglichen. Reflexion des Gefühls des erzählenden Kindes.
Regeln für gutes Zuhören
Die Übung „Gutes und schlechtes Zuhören" wird nun als Partnerübung unter den Kindern durchgeführt. Anschließend reflektiert das erzählende Kind sein Gefühl. In der Großgruppe werden Regeln für gutes Zuhören aufgeschrieben und für alle ersichtlich ausgehängt.
(Nach Jamie Walker, 1991, Heft 1, S. 45)

Übung 3: Einen Auftrag hören, ausführen, beobachten
Ein guter Vorleser liest folgenden Text langsam so oft vor, bis ein Zuhörer meint, in einem ersten Versuch den Auftrag ausführen zu können:
hören und beobachten
„Schreibe deinen Namen 3 x an die Tafel, unterstreiche den 2. Namen, mache ein Kreuz vor den 3. Namen, gehe an das Fenster, klopfe an die Scheibe, gehe danach an deinen Platz, schlage das linke Bein über das rechte Bein und gib deinem linken Nachbarn die rechte Hand."
Alle hören und beobachten, während ein Kind ausführt, was es gehört hat. Die Beobachter klopfen, sobald es sich vertut. Dann wiederholt der Vorleser die Anweisung. Nun versucht ein anderes Kind, die Anweisung fehlerlos weiter auszuführen. Gelöst ist die Aufgabe dann, wenn es endlich einem Kind gelungen ist, den Auftrag fehlerlos durchzuführen.

Übung 4: Einen Kaninchenauftrag hören, ausführen und beobachten

Ein Leser liest folgenden Text langsam vor (Vorgehen wie Übung 3):

hören und handeln

„Hüpfe wie ein Kaninchen zur Mitte. Verbeuge dich nach allen vier Himmelsrichtungen. Recke die Arme hoch und sage laut: ‚So groß ist kein Kaninchen. So groß bin ich in voller Länge.' Stampfe zweimal mit dem Fuß. Krempel die Ärmel hoch. Gehe zu dem Kind, das dich am freundlichsten anguckt, nimm seine rechte Hand in deine beiden Hände und sage: ‚Mit dir gelingt mir fast alles.'"

Ähnlich komplexe Aufträge können sich Kinder selber ausdenken. Die Notwendigkeit, sie schriftlich festzulegen, ergibt sich aus der Spielerfahrung.

Übung 5: Feuerwache im Kreis

(mit Kerze)

zielgenau beobachten

3 Kinder sitzen um das „Lagerfeuer" und sprechen über Erlebnisse mit Feuer, die anderen erhalten Beobachtungsaufträge auf Karten:

- Haben alle gesprochen?
- Haben alle zugehört?
- Haben alle ausreden lassen?
- Wurde ein Beitrag behindert?
- War jemand unruhig/ungeduldig? Woran zu sehen?
- Wo war der Blick der Wachen? Zu wem haben sie gesprochen?
- Haben sie verständlich gesprochen?
- Haben sie sich an das Thema gehalten?

Reflexion (mit Hilfe von Karten): Die Flamme verleitet zum Tagtraum. Assoziationen zu Erlebnissen mit Feuer fallen relativ leicht. Doch werden die Beobachter auch feststellen, daß die Flamme wie ein mentaler Fokus wirkt, indem sie den Blick auf sich zieht. Dadurch nehmen in der Übung die Wachen weniger Blickkontakt zueinander auf, sondern beziehen sich stärker auf das Gehörte.

subjektiv hören

Übung 6: Gerüchteküche

Eine Großgruppe A bleibt im Raum,
Trio B und Trio C warten draußen,
Großgruppe A sieht ein Bild an der Tafel,
Tafel zu, Trio B kommt in den Raum.

Großgruppe A berichtet Trio B, was zu sehen war, Trio B darf nachfragen. Trio C kommt in den Raum. Trio B berichtet Trio C, was zu sehen war, Trio C darf nachfragen. Trio C versucht, das Bild an der Außentafel zu skizzieren. Tafel wird geöffnet.

– Vergleich: was wurde falsch verstanden/ungenau weitergegeben?

Übung 7: Kette auffädeln
(viele Aspekte)

hören, spiegeln, ergänzen

Stuhlkreis, nicht größer als 14 Schüler.
A nennt seinen Namen mit einer Vorliebe / einem Adjektiv mit dem er in guter Erinnerung bei anderen bleiben will.
B nennt, was A nannte und hängt eigene Informationen an, C nennt, was A nannte, was B nannte und fügt seinen eigenen Namen mit Adjektiv an …

Übung 8: Rippel-Tippel mit Augenbrauenstift

hören, sehen, merken

Adjektiv mit gleichem Anlaut zum Namen ausdenken und nennen. Danach wird „gesendet“: „Cooler Carsten ohne Tippel ruft dünne Danuta ohne Tippel“ (flink reagieren). „Dünne Danuta ohne Tippel ruft kesse …“ (Danuta verspricht sich und erhält einen Tippel = Punkt auf die Nase.) „Dünne Danuta mit einem Tippel ruft kesse Katja ohne Tippel“ – usw.

Übung 9: Den Nachbarn dem Kreis vorstellen
Stuhlkreis, Partnerbildung.
Paare erfragen gegenseitig:

hören und wiedergeben

Welche 3 Sachen machst du besonders gern?
Welche 3 Eigenschaften schätzt du an Menschen?
Welche 3 Eigenschaften magst du an Menschen nicht?

Zwei bis drei Minuten Dauer (Zeitansage, wenn die Hälfte vorbei ist). Die Partner stellen sich gegenseitig dem Kreis vor.
(Dieses Spiel ist auch gut geeignet, um selbstgebastelte Puppen dem Kreis vorzustellen.)

Übung 10: Star im Fan-Kreis
(Zuhörübung)

hören, beurteilen, handeln

Ein Kind im kleinen Stuhlkreis (6er Gruppe). Jedes Kind im Kreis sagt, welche Handlung es vom Kind in der Mitte gerne sehen würde. Das Kind in der Mitte wiederholt, was x, y, z von ihm erwarten, sagt, ob es das (nicht) kann, und führt es aus.

Übung 11: Kontrollierter Wasser-Spiegel

mit einem Wort wiedergeben, was gehört wurde

Das erste Kind spricht mit dem Erzählstein (oder einem alten Mikrophon) in der Hand einen Satz zum Thema Wasser und gibt den Stein an ein anderes Kind weiter. Dieses wiederholt nun in eigenen Worten, was gesagt wurde. Akzeptiert das erste Kind die Wiederholung nicht, wird der Erzählstein abgegeben und andere Zuhörer präzisieren – bevor ein neuer Beitrag gehört wird.
(Diese Kommunikationsübung kann auch mit anderen Themen durchgeführt werden.)

Übung 12: Strahlende Sonne – spiegelnder Mond
(Partnerübung)

Du und Ich – Sonne und Mond – strahlen und spiegeln

Die Übung wird zunächst einmal demonstriert, bevor sie dann als Partnerübung von den Kindern gespielt wird.
Zwei Kinder sitzen sich gegenüber. Ein Kind ist die strahlende Sonne, das andere der spiegelnde Mond. Die Sonne darf lachen, während sie die schönen Seiten des Mondes bescheint. Sie sagt freundliche Wahrheiten als DU-Sendung. Der Mond spiegelt sie als ICH-Sendung. Wenn der Mond lacht, fällt er aus der Rolle = Partnerwechsel.

Reflexion: Was war schwierig? Was war angenehm.

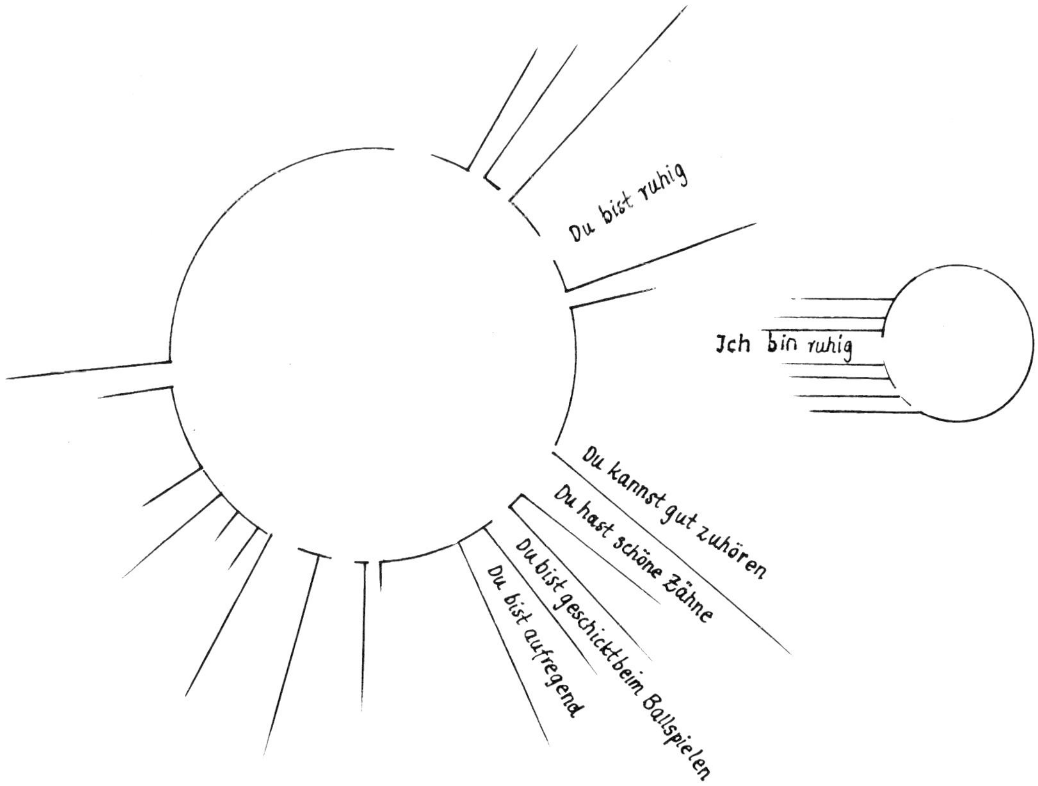

2.4 Persönlichkeit aufbauen

Kinderängste ernst nehmen

Kinder haben heute wenig Möglichkeiten, ihre natürlichen Antriebspotentiale konstruktiv zu nutzen. Im Vergleich zu den durch die visuellen Medien vermittelten sensationellen Ereignissen, scheint die Chance, persönliche Handlungsmacht aufbauen zu können, sehr gering. Viele Kinder haben ökologisch bedingte Ängste vor der Zukunft; motorische und schöpferische Fähigkeiten kommen in der Innenraumsozialisation zu kurz. Helfende und gestaltende Einflußnahmen für Kinder finden immer weniger Raum. Mitglieder einer Schulgemeinschaft – Schüler, Eltern, Lehrerkollegium, Schulleitung, Schulaufsicht – müssen den Herausforderungen dieser psychosozialen Bedingungen des Aufwachsens in vielgestaltiger Form Rechnung tragen.

So wird noch zuwenig die Möglichkeit genutzt, die Schule als Gestaltungsraum für die Schüler zu erschließen, um sie zu „ihrer Schule" werden zu lassen und um dadurch Integrations- und Handlungswissen aufzubauen. Solche prosozialen Fähigkeiten werden auch durch die Beteiligung der Schüler an Hilfsaktionen für Menschen in Not und Bedrängnis gefördert – zumal derartiges Engagement Freude bringt (vgl. Nolting 1981, S. 205). Mehr als früher sind Kinder und Heranwachsende heute darauf angewiesen, daß ihnen Schule bei der Persönlichkeitsbildung und sozialen Lebensbewältigung hilft. Bei zu vielen Kindern kommt diese affek-

Persönlichkeitsstärkung

tive Unterstützung, die früher von der Familie geleistet wurde, zu kurz. Wenn Pädagogen eine Jugend fördern wollen, die nicht nur Ansprüche und Kritik äußert, sondern auch die nötige Zuversicht für schwierige Aufgabenbewältigungen in der Zukunft aufbringen kann, dann müssen Persönlichkeitsstärkungen in das pädagogische Handeln miteinbezogen werden (vgl. I. Behnke, A. Fischer 1993).

Um den Aufbau der Persönlichkeit stärken zu helfen, basieren die folgenden Unterrichtsanregungen auf einem affirmativen Ansatz.

Streiten lernen mit Liedern, Bildern und Texten

Streitverhalten bei allgemein menschlichen Problemen kann zunächst unabhängig vom akuten Konflikt thematisiert werden. Ein Lied, ein Text, ein Bild helfen, einen Einstieg in das Thema zu finden. Textauszüge aus aktuellen Kinderbüchern sind oft in Lesebüchern abgedruckt. Aktuelle Kindersongs werden unter den Kindern selbst bzw. durch die Medien verbreitet – während die Schule eine davon unberührte Musikkultur pflegt. Wenn Grundschullehrer an die Hörerfahrungen aus der Freizeit ihrer Schüler anknüpfen wollen, sollten sie Lieder von Klaus Hoffmann, Fredrik Vahle und Rolf Zukowski kennen. Als Beispiele und Anregungen dienen die Songs „Starke Kinder“ (Rolf Zukowski) und „Das Lied vom Streit“ (Klaus Hoffmann). Im Text von Rolf Zukowski geht es um die oben angesprochene Stärkung der Persönlichkeit; das Lied von Klaus Hoffmann paßt gut zur Arbeit von Konfliktlotsen.

Starke Kinder

Starke Mädchen haben nicht nur schöne Augen.
Starke Mädchen haben Phantasie und Mut.
Starke Mädchen wissen selbst, wozu sie taugen.
Starke Mädchen kennen ihre Chancen gut.

Starke Jungs, die können nicht nur Muskeln zeigen.
Starke Jungs, die zeigen Köpfchen und Gefühl.
Starke Jungs, woll'n ihre Meinung nicht verschweigen.
Starke Jungs, die kommen lächelnd an ihr Ziel.

Starke Kinder halten felsenfest zusammen,
Pech und Schwefel, die sind gar nichts gegen sie,
ihren Rücken lassen sie sich nicht verbiegen,
starke Kinder, die zwingt keiner in die Knie.

Starke Kinder haben Kraft, um sich zu wehren,
und sie sehn dir frei und ehrlich ins Gesicht.
Starke Kinder wollen nur die Wahrheit hören,
und so leicht betrügt man starke Kinder nicht.

Starke Mädchen stehen fest auf ihren Beinen.
Starke Mädchen wollen alles ausprobier'n.
Starke Mädchen sagen ehrlich, was sie meinen.
Starke Mädchen können siegen und verlier'n.

Starke Jungs, die wollen alles selbst erleben.
Starke Jungs, die können auch mal Zweiter sein.
Starke Jungs, sind stark genug, um nachzugeben.
Starke Jungs, die fall'n auf Sprüche nicht herein.

Starke Kinder halten felsenfest zusammen …
Starke Kinder haben Kraft, um sich zu wehren …

Rolf Zukowski

Das Lied vom Streit

Kleine Hunde streiten
oft um Kleinigkeiten,
zerren, stoßen, reißen,
bellen laut und beißen.

Kleine Katzen raufen
ohne zu verschnaufen,
heben ihre Tatzen,
beißen sich und kratzen.

Kleine Spatzen zanken,
daß die Nester schwanken,
picken sich und schnappen
nach den dicken Happen.

Kleine Kinder prügeln,
können sich nicht zügeln,
schubsen, treten, schlagen,
ohne lang zu fragen.

Alle die sich streiten,
um so Kleinigkeiten,
hört man nachher sagen:
„Woll'n wir uns vertragen?"

Klaus Hoffmann

Übung 1: ICH – DU
(PING-PONG zu dritt – Affektstabilisierung)
2 Kinder sitzen sich gegenüber.
Hinter ICH steht das RUHIGE ICH.
beistehen und stützen DU und ICH sprechen abwechselnd.

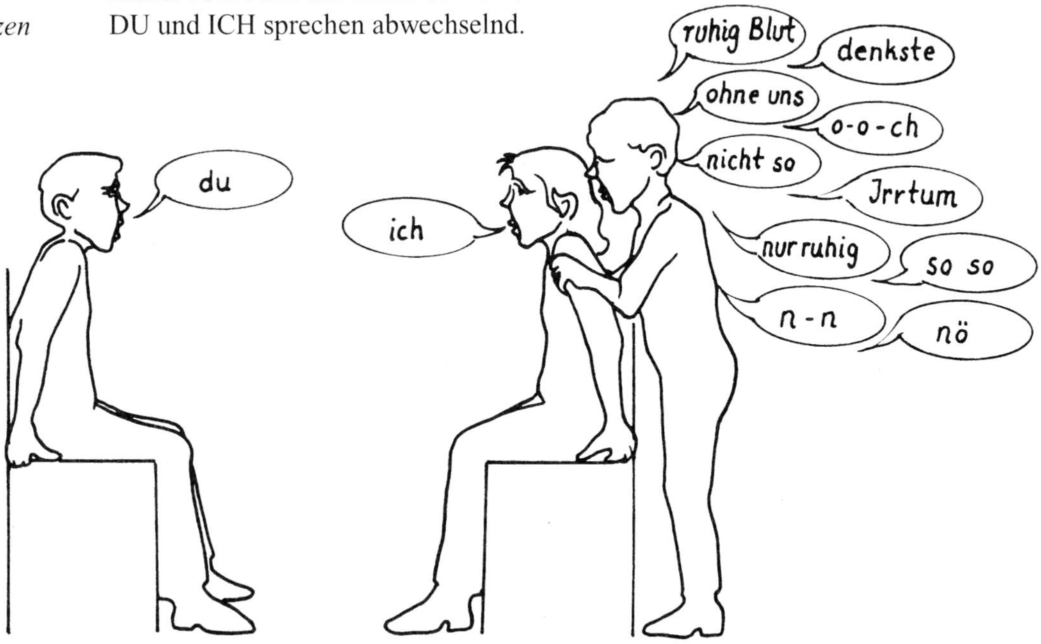

DU provoziert durch Vorwürfe, Befehle, Drohungen, Ratschläge.
Das RUHIGE ICH stabilisiert durch Körpersprache, Stimme, wenige Worte.
ICH erklärt unbeeindruckt seine Sicht der Gesprächssituation (wenn ICH mag).

Reflexion: Für wen war es leicht?
Für wen war es schwierig?
In welchem Moment war es schwierig?
Welche Mimik, Gestik und Sprachmelodie haben die Zuschauer beobachtet?

Partnerinterview „Was in meiner Macht steht“

Alle Menschen haben eine soziale Kraft, mit der sie Situationen verursachen oder mitbeeinflussen. In Problemsituationen können sie etwas zum Besseren wenden oder Schlimmeres anrichten, je nachdem, ob sie sich ihrer Möglichkeiten bewußt sind und was sie wollen.

In welcher Situation war dein Handeln schon einmal für andere eine Hilfe?

____

____

Woran hast du das gemerkt?

____

____

Wie war danach dein Gefühl?

____

____

In welcher Situation war dein Handeln schon einmal für andere schlimm?

____

____

Woran hast du das gemerkt?

____

____

Wie war danach dein Gefühl?

____

____

An welchen Verhältnissen würdest du gern etwas ändern?
Worauf würdest du gern Einfluß nehmen?

____

____

Ich fasse zusammen, wie ich dich verstanden habe:

____

____

Name: ______________________ Klasse: __ Datum: ______ 3b

Gibt es schon Leute, die in diesem Bereich tätig sind oder ähnliches wollen?

○ ja ○ nein ○ mir nicht bekannt

Was tun sie? ____

____

Welche Möglichkeiten hast du, ihre Tätigkeit zu unterstützen oder mitzumachen?

____

____

Beratung in der großen Gruppe:

Welche Gefühle werden beim Helfen und Verschlimmern ausgelöst?

____

____

Was müssen wir entwickeln, um wirkungsvoll mitarbeiten zu können?

____

____

Was möchten wir herausfinden?

____

____

Was können wir schon beitragen?

____

____

Für welche Aktivität wollen wir uns entscheiden?

____

____

Wer übernimmt mögliche Aufgaben dafür?

____

____

Ist das gemeinsam günstiger?

____

____

Rollenspiel im Klassenverband: Die dritte Person

Dieses Rollenspiel trägt – in Anknüpfung an die vorangegangene PING-PONG-Übung 1 (Ich-Du) – in weiterem Umfang zur Persönlichkeitsstärkung bei.
Als Ausgangslage wird eine bei kindlichen Streitfällen häufig anzutreffende Situation formuliert:

A hat eine diebische Freude daran, andere zu ärgern. A entgehen keine Schwachstellen und Empfindlichkeiten bei anderen Opfern.

B ist enorm empfindlich. B geht bei Provokationen leicht hoch wie eine Rakete. B manövriert sich auch schnell in Situationen, in denen er nicht Gleicher unter Gleichen ist.

C mag das nicht. C möchte B stützen und A den Spaß an der Gemeinheit verderben.

Nach Schilderung dieser Ausgangslage erinnern sich Kinder an ähnliche Situationen.

stützende Handlungsmuster aufbauen

Um die Persönlichkeitsstärkung als Ziel des Rollenspiels zu verdeutlichen, wird vorerst zwischen körperlicher Stärke und Persönlichkeitsstärke unterschieden und die der Ausgangslage angemessene Persönlichkeitsstärkung definiert.

Stützen = nicht anheizen
Bestärken = stark machen, um selbstbestimmt zu bleiben

Alle sammeln im Sinne der Position von C mögliche Formen des Beistands – sowohl non-verbale als auch verbale:

nonverbal:

– legt den Arm um B und wendet sich mit B ab,
– lacht B an und schüttelt mit wissendem Mienenspiel den Kopf,
– stellt sich neben A mit Blickkontakt zu B und winkt nur ab
(= nicht ernst nehmen);

verbal:

– reagiere nicht,
– der will dich nur ärgern,
– laß dich nicht beirren,
– bleib stark,
– richte dich nicht nach dem,
– nimm das Segel aus dem Wind, laß ihn ins Leere blasen,
– dem hältst du stand,
– dem kannst zu widerstehen,
– laß ihn leerlaufen,
– mach auf Durchzug,
– gegen sowas sind wir geimpft,
– einfach ignorieren,
– gar nicht hinhören,
– soll er gegen die Wand reden, wir machen, was wir richtig finden,
– setz dich nicht ins Unrecht,
– laß dich nicht zu Übergriffen/Gewalt hinreißen,
– dagegen sind wir immun,
– darüber sind wir erhaben,
– Gummihaut,
– das trifft auf dich nicht zu.

Grundschulkinder werden nur wenige der angesprochenen Handlungsmuster kennen, mit denen sie ein anderes Kind stützen können, ohne den Konflikt zu verschärfen. Zunächst werden die wenigen geeigneten Vorschläge an der Tafel notiert. Dann erweitert der Lehrer diese Sammlung um einige positiv definierte Beispiele wie: „bleib stark“, „du läßt dich nicht irritieren“, „laß ihn leerlaufen“ …

Erst durch die Rollenspiele und die anschließenden Reflexionen werden der mögliche Handlungsspielraum und die neuen sprachlichen Hilfen von den Kindern bewußt entdeckt. Nun können sie am Tafelbild zusammengetragen und festgehalten werden.

Handlungsmuster visualisieren

Die mit Hilfe der Rollenspiele entwickelten sprachlichen Hilfen werden anschließend von den Kindern auf bunte Tonpapiere geschrieben und zu einem Plakat zusammengeklebt. Das sprachliche Repertoire wird bei aktuellen Anlässen in Erinnerung gebracht und nachträglich in einer konkreten Situation angewandt.
Das Rollenspiel selbst läßt sich in zwei verschiedenen Konstellationen durchführen, wobei die Position von B in beiden Situationen gleich ist. Verschieden sind hingegen die Stellungen von A und C: Am 1. Rollenspiel sind nur drei Kinder beteiligt, während am 2. Rollenspiel die Position von A und von C durch eine größere Anzahl von Kindern gespielt werden (dabei sollte die Gruppe C doppelt so groß sein wie die Gruppe A). Bei den anschließenden Reflexionen werden die Kinder beschreiben, ob und wie verschieden die Wirkungen sind.

1. Rollenspiel: B kommt ahnungslos von draußen
A wird provozieren
C wird bestärken
Reflexion: Gefühle der drei
Schwierigkeiten im Rollenverhalten

2. Rollenspiel: B kommt ahnungslos von draußen
AAA werden provozieren
CCCCCCCCCwerden bestärken
Reflexion: Gefühle der Beteiligten;
was war schwer einzuhalten?

Übung 2: PING-PONG über den Konfliktlotsen

DU und ICH sprechen abwechselnd über ein kontroverses Thema. (Keine Beschimpfungen!)

Der Konfliktlotse nimmt die Informationen an und vermittelt sie zumutbar. (Er stellt zwischen den beiden eine „Leitung“ her.) Er erfragt die verborgenen Motive, Ziele und Gefühle und vermittelt sie. (Warum denkst du so? Was fürchtest du? Was müßte im Idealfall passieren? In welcher Hinsicht fühlst du dich davon betroffen?)

Reflexion: Für wen war es leicht?
Für wen war es schwierig?
In welchem Moment war es schwierig?
Welcher nichtsprachliche Ausdruck ist den Beobachtern aufgefallen?

Die Entscheidung

Oliver nimmt seinen kleinen Affen und geht auf den Hof, um Tom zu treffen.
Dort langweilten sich gerade die zwei Meyer-Brüder.
Einer ruft sofort: „I-i, guck mal, der blöde Oliver hat sein Püppchen mitgebracht!“
Der andere lacht: „Sein Püppchen sieht aus wie er selber, der Affe!“
Oliver setzt sich an den Rand.
Doch die Jungs geben keine Ruhe.
Der erste Bruder kräht: „Guck mal, gleich fängt er an zu heulen. Heulender Affe, haha!“
Oliver denkt: So wie die beiden will ich nicht sein.

Was tut er?

Er sagt: „Selber Affe!“ und rennt weg.	Er geht zu seiner Mutter und sagt: „Mutti, die spielen nicht mit mir!“	Er fragt die Jungs: „Warum greift ihr mich an? Hab ich euch was getan?“	Er sagt zu seinem Affen: „Wenn die wüßten, daß wir ein Zauberrezept haben.“, und wartet.	Er tut was anderes und sagt nichts.

Entscheide und rahme deine Entscheidung farbig ein.

Beratung in der großen Gruppe:

– Für welche Möglichkeit habt ihr euch entschieden?
– Was spricht dafür, sich so zu verhalten?
– Was spricht gegen eine andere Entscheidung?

2.5 Ereignis – Gefühl – Meinung

Drei-Farben-Spiel

Der Lehrer kopiert die folgenden Seiten auf farbiges Papier (rot, blau und grün – wie über der jeweiligen Seite angegeben). Aus den Bögen schneiden die Kinder die Kärtchen aus, tüten sie nach Farben sortiert ein oder stecken sie in (selbstgebastelte) Kästchen.
Rote Karten drücken Ereignis-Situationen aus, blaue Karten geben Gefühle wieder und grüne Karten stellen Meinungen dar.
Mit Hilfe dieser Karten können nun verschiedene Spielabläufe durchgeführt werden (vor Spielbeginn wird das Spiel einmal im Kreis vorgeführt):

1. Spielverlauf
   2 Spieler: Rot und Blau
   2 Beobachter ohne Karten
   Rot und Blau legen ihre Karten vor sich aus,
   2 andere sind vorerst Beobachter.
   Es wird nonverbal gespielt.
   Rot löst durch Ausspielen einer Karte eine Situation aus.
   Blau ordnet ein Gefühl zu.
   Nach 8 Durchgängen Reflexion

2. Spielverlauf
   2 Spieler: Rot und Blau
   2 Spieler als soziale Kontrolle: Grün (Konfliktlotsen)
   Rot und Blau legen ihre Karten vor sich aus.
   Die zwei Beobachter legen grüne Karten aus und sortieren sie leise beratend.
   Rot löst durch Ausspielen einer Karte die Situation aus.
   Blau ordnet ein Gefühl zu.
   Grün berät sich und entscheidet gemeinsam, wie sie sich verhalten.
   Nach 8 Durchgängen Reflexion.

Erweiterungen:
* Blankokarten mit Stift eröffnen die Erweiterung der Handlungsmöglichkeiten im Spiel. Mit vielen Blankokarten wird das Spiel zum selbstgemachten Lernmittel.
* eine Kindergruppe wählt selbständig aus den drei Farbgruppen eine Konstellation aus, die sie als Rollenspiel vorführt. Die Zuschauer müssen erraten, was auf den verwendeten Kärtchen stand.

Gefühle aufarbeiten

Nicht behandelte negative Gefühle schieben sich störend in den Konzentrations- und Lernprozeß. Sie erschweren das soziale Miteinander. Werden sie nicht von den Beteiligten oder mit Hilfe Dritter bearbeitet, schwelen sie und entwickeln ein Eigenleben, das später nur sehr mühsam nachvollzogen und bereinigt werden kann. Um dem vorzubeugen, sollten Gefühle, die immer wieder auftauchen, in konfliktfreien Situationen ins Gespräch gebracht werden. Kränkung, Enttäuschung, Sorge, Angst und Schrecken, Neid und Benachteiligung, Hilflosigkeit und Wut sind negative Gefühle, die Kinder und Jugendliche häufig bewegen.
Damit die subjektive Bedeutung der Gefühle für die einzelne Person berücksichtigt bleibt, reicht es nicht, sie nur im Klassenplenum objektivierend zu besprechen.

Austausch in Kleingruppen

Eine allgemeine Bedeutung eines gefühlsbetonten Problems kann in der großen Gemeinschaft definiert werden. Doch andere Aspekte werden besser in kleinen

Name: ______________________ Klasse: __ Datum: ______ 5a

Drei-Farben-Spiel (Kopiervorlage)

Ereignis – Gefühl – Meinung – rote Seite

Wenn ich dir einmal Schläge androhe …	Wenn ich dich knutschen will …
Wenn ich dich haue …	Wenn ich mal unheimlich angebe …
Wenn ich sage: „Du gehörst nicht zu uns“	Wenn ich dich nach deinem Rat frage …
Wenn ich dich als doof hinstelle …	Wenn ich dich bewundere …
Wenn ich geheime Sachen von dir verrate …	Wenn ich dir dein Liebstes kaputtmache …
Wenn ich dich zum Tanzen auffordere …	Wenn ich dir verbiete, zu lachen …
Wenn ich dich dränge, zu tun, was du nicht willst …	Wenn ich dich im Stich lasse …
Wenn ich dich einlade …	Wenn ich von dir etwas verlange, was du nicht kannst …
Wenn ich mit Worten zu dir stehe …	Wenn ich dir Vorwürfe mache …

Name: ______________________ Klasse: __ Datum: _____ 5b

Drei-Farben-Spiel (Kopiervorlage)

Ereignis – Gefühl – Meinung – blaue Seite

… fühle ich mich ohnmächtig.	… werde ich wütend.
… fühle ich mich hilflos/wie ein mutterloses Kind.	… bin ich verärgert.
… fühle ich mich in die Enge gedrängt	… macht mir das Angst.
… fühle ich mich minderwertig.	… ist mir das peinlich.
… bin ich ganz glücklich.	… bin ich stolz.
… freue ich mich.	… fühle mich sicher.
… fühle ich mich stark.	… kriege ich einen Schreck.
… fühle ich mich unsicher.	… mache ich mir Sorgen.
… ist mir das egal.	… fühle ich mich genervt.

Name: ______________________ Klasse: __ Datum: ______ 5c

Drei-Farben-Spiel (Kopiervorlage)

Ereignis – Gefühl – Meinung – grüne Seite

Wir sagen, daß das unfair ist.	Wir sagen, daß´„Rot“ sich ins Unrecht setzt.
Wir mischen uns helfend ein.	Wir halten uns da raus.
Wir sagen, daß das nicht mehr vorkommen darf.	Wir versuchen „Blau“ Mut zu machen, stark zu bleiben.
Wir bestärken „Blau“, dem zu widersprechen.	Wir sagen, daß das viel zu selten vorkommt.
Wir legen den Arm um „Blau“ und leisten Beistand.	Wir sagen, daß „Rot“ Schlimmes anrichtet.
Wir nehmen „Blau“ mit uns in die Gemeinschaft.	Wir sagen, daß „Blau“ sich das nicht gefallen lassen soll.
Wir holen Hilfe von Fachleuten.	Wir sagen, daß „Blau“ sich darüber hinwegsetzen soll.
Wir regen ein gemeinsames Gespräch an.	Wir sagen „Blau“, daß man sowas aushalten muß.
Wir sagen, daß wir das gut finden.	Wir sagen „Rot“, wie gemeinsam wir das finden.

Gruppen zur Sprache gebracht. So setzen vielfältige Beobachtungen und Bewertungen positiver und negativer Beispiele persönliche Maßstäbe für ein Problem. Schmerzlich erlebte Erinnerungen als Betroffene(r) lassen die subjektive Bedeutsamkeit des Gefühls bewußt werden. Partnergespräch, Partnerinterview oder das Kleingruppengespräch im Kreis wohlwollender Beteiligter sichern ein nötiges Maß an Nähe und Diskretion und aktiver Beteiligung.

Klassenaussprache

Das Annehmen heftiger beeinträchtigender Gefühle trägt zur Psychohygiene im Schulalltag bei. Die Einrichtung einer Klassenaussprache kann Kindern Gewißheit geben, daß es eine Situation der Anteilnahme und Entlastung für schwierige Situationen gibt. Sie erfahren durch die Klassenaussprache auch, daß sie selbst fähig sind, Menschen emotional anzunehmen, sie durch Anteilnahme zu entlasten oder zu einem Stimmungsumschwung beizutragen.

Das häufig beklagte mangelnde Einfühlungsvermögen bei männlichen Jugendlichen spricht dafür, daß sie dieses passiv und aktiv nicht hinlänglich erfahren und erworben haben. Das häufig entwickeltere Einfühlungsvermögen der Mädchen gereicht ihnen in der Schule zu selten als geschätzte Fähigkeit zum Vorteil (vgl. Gewalt gegen Mädchen an Schulen, Senator für Arbeit und Frauen, Berlin 1992 und Neutzling / Schnack, 1990). Durch Gefühlsbildung als Lerninhalt werden mehr oder weniger gelungene soziale Fähigkeiten ins Bewußtsein gebracht.

Gefühle sind menschlich

Gefühle sind nicht weiblich oder männlich, sondern menschlich. Die meisten Menschen sind sich ihrer eigenen Gefühle bewußt. Viele – nicht alle – können mit vertrauten Personen über ihre Gefühle sprechen. Nicht alle Gefühle lassen sich gut mit treffenden Worten fassen.

Über die eigene Gefühlswahrnehmung hinaus lösen Menschen bei anderen Gefühle aus. Sie sind sich dessen weniger bewußt. In einem guten Gesprächsmilieu können sie ihr Bewußtsein dafür entwickeln.

Gelingt es Menschen, in Übereinstimmung von gefühlsmäßigem Zustand und äußerem Ausdruck zu leben, werden sie authentisch.

Selbstbeobachtung und Rückkopplung

Um diese Authentizität zu entwickeln, brauchen sie Gelegenheit, im Austausch mit anderen die Bedeutung der Gefühle und Handlungsziele in zwischenmenschlichen Beziehungen kennenzulernen. Die Beobachtung der eigenen Gefühle, Erkundung der eigenen Wünsche und die offene Rückkopplung der eigenen Wirkung auf andere sind pädagogisch notwendige Erfahrungen in einer humanen Gesellschaft. Damit aber die Selbstoffenbarung möglich ist, müssen Pädagogen Kindern ein Mindestmaß an Achtung entgegenbringen und für Achtung vor dem anderen sorgen – denn Minderwertigkeitsgefühle verhindern Offenheit (Schulz von Thun 1991, Bd. 1, S. 124). Minderwertigkeitsgefühle werden durch verstärktes Geltungsstreben kompensiert. Andere werden durch Herabwürdigung funktionalisiert, um das eigene Selbst aufzublasen. Rommelspacher spricht vom Versuch der psychologischen Ausbeutung (Rommelspacher 1993).

Zwei Ursachen für Selbstoffenbarungsangst

Zwei wesentliche erziehungspsychologische Ursachen der Selbstoffenbarungsangst werden schon vor dem Schulkindalter verursacht.:

Unbefangenheit contra Normen

Eine erziehungspsychologische Ursache liegt im Umgang mit den negativen Gefühls- und Handlungsantrieben bei Kindern. Der Zusammenstoß zwischen kindlicher Unbefangenheit und gesellschaftlichen Normen ist unvermeidlich. Doch hängt viel davon ab, wie aufgeklärt und verständnisvoll die Erwachsenen Grenzsetzungen und Zurückweisungen der sozial schädigenden Anteile der kindlichen Antriebe durchsetzen. Negative Gefühle und Handlungsimpulse werden von außen zurückgewiesen, ehe Gewissen-, Schuld- und Schamgefühle entstehen. Geschieht dies durch Härte oder Anteile „schwarzer Pädagogik" (den Teufel mit Bedrohung und Gewalt austreiben), werden negative Persönlichkeitsanteile abgespalten. D. h. negative Gefühle wie Angst, Schwäche, Neid, Wut werden so konsequent geleugnet, daß sie nicht mehr als eigener möglicher Persönlichkeitsanteil einkalkuliert und angenommen werden. Eigenes negatives Verhalten wird nicht mehr eingestanden. Häufig werden die negativen Gefühle dann an Mitmenschen unbarmherzig bekämpft. Besonders „Sündenböcke“ und Wehrlose müssen für projektive Kämpfe gegen menschliche Schwächen herhalten (Schulz von Thun, Bd 1, S. 1049). Auch harmlose mitmenschliche Situationen (Kennenlernen, Spiel, Tanz, Kooperation, Entspannung) werden leistungsthematisch aufgefaßt. Imponiergehabe, Fassadenhaftigkeit, eingeschränkte Äußerungsbereitschaft, Mimik und Gestik sind verschiedene Facetten der Angst vor Gefühlsoffenbarung.

Unzulänglichkeit contra Leistung

Die zweite Ursache liegt in der kindlichen Unzulänglichkeit und Hilflosigkeit, die die menschliche Basis für das Minderwertigkeitsgefühl sind (A. Adler 1966, S. 71). Je schmerzlicher die kindliche Unzulänglichkeit in Beziehung zu Leistungsanforderungen und Konkurrenz gesetzt werden und mit herabsetzenden Botschaften verbunden sind, desto mehr wird Vertrauen in Mitmenschlichkeit abgebaut. Das Kind versucht, seine Schwäche zu verbergen.

Doch auch Verwöhnung und unrealistisches Vermeiden zumutbarer Herausforderungen nehmen dem Kind die Chance, Vertrauen in die eigene Kraft erfolgreicher Lebensbewältigung zu entwickeln. Die Erfahrung der Unzulänglichkeit wird durch Überbehütung bestärkt, entmutigt das Kind und hält es in Abhängigkeit. Subjektive und objektivierende Erfahrungen unter Altersgleichen sind erziehungspsychologisch für diese Kinder besonders bedeutsam.

Dialogschreiben

Der schriftliche Dialog ist eine günstige Form des direkten subjektiven Austausches bei kontroversen Positionen. Das Dialogschreiben kann formlos zu allgemeinen Themen oder zu persönlichen Auseinandersetzungen stattfinden: ein Schiebezettel wechselt zwischen zwei Partnern hin und her.

Ähnlich dem Verhandlungsgespräch werden einleitend Mindestregeln festgelegt:

Ruhe! Nicht dazwischen sprechen; alles schreiben;
abwarten und still beobachten!
Ziel ist, die Gründe für andere Meinungen zu verstehen.
Ziel ist, im Streitfall eine Lösung zu finden.

Das Ungewöhnliche beim Dialogschreiben ist, daß auch die Beziehung zwischen den Dialogpartnern zur Sprache kommt. Diese freimütige Äußerung von Gefühlen zur anderen Person kann aber leicht als Angriff oder Stigmatisierung mißdeutet werden. Deshalb sollten solche Gefühlsäußerungen durch eine Situationsbeschreibung konkretisiert werden, damit die angesprochene Person auch situationsbezogen reagieren kann.

Gefühle durch Situationsbeschreibung konkretisieren

Der folgende Arbeitsbogen zum Dialogschreiben (Ich & Du – Dialogschreiben) ist unter guten Freunden leicht zu bearbeiten. Kinder, die einander nicht so gut kennen, fällt die Bearbeitung beim ersten Mal schwer; allerdings kommt es dadurch zu einer stärkeren Annäherung unter Fremden. Auf der Rückseite des kopierten Arbeitsbogen oder auf einem Zusatzblatt können die Dialogpartner das Verfahren ohne weitere Vorgaben fortsetzen.

Bei der anschließenden Beratung in Großgruppen werden keine Inhalte erfragt. Diese könnten der Vertraulichkeit der Dialogpartner unterliegen. Zu fragen, wie das Verfahren für die Beteiligten war, bringt aber doch einiges aus dem subjektiven und unterschiedlichen Erleben der Dialogpartner zum Ausdruck. Fragen könnten etwa so formuliert werden:

– Für wie viele unter uns waren die schriftlichen Mitteilungen ungewöhnlich?
– Wer meint, daß er einen anderen Menschen etwas näher kennengelernt hat?

Name: ______________________ Klasse: __ Datum: _____ 6

Ich & Du-Dialogschreiben

Ich sitze Dir gegenüber und schaue Dich still an.

Du wirkst auf mich so ______________________

Das liegt daran, daß ______________________

____

Im Moment habe ich das Gefühl, wir beide sind wie

____

____

Das ist nicht immer so. Manchmal finde ich Dich auch

____

Partnertausch

Wenn Du das liest, was geht dann in Dir vor?

____

Was empfindest Du ähnlich?

____

Worüber denkst Du ganz anders?

____

Partnertausch

Deine Reaktion habe ich – nicht – erwartet, denn

____

____

– Wem fällt die schriftliche Auseinandersetzung schwerer/leichter als ein Gespräch?
– Welche Vor- und Nachteile haben schriftliche und mündliche Dialoge?
Eine Weiterführung des Dialogschreibens stellt dann die Übung 1 (Doppeln des Gefühls) dar.

Übung 1: Doppeln des Gefühls
(3 Kinder sitzen sich 2:1 gegenüber: ICH und „ruhiges ICH“: DU)

Neben ICH sitzt das „ruhige ICH“.
DU provoziert durch Vorwürfe, Befehle, Ratschläge.
ICH nimmt die „Sendung“ von DU sprachlos an.
Das „ruhige ICH“ äußert das Gefühl für ICH; z. B.: Wenn ich … (Beschreibung der Situation), dann … (Beschreibung von Gefühlen, Gedanken, Wünschen, Meinungen). ICH akzeptiert oder negiert die Gefühlsäußerungen des „ruhigen ICH“ durch Nicken oder Kopfschütteln.

Reflexion: Für wen war es leicht?
Für wen war es schwierig?
In welchem Moment war es schwierig?
Welche Mimik und Sprachmelodie wurde beachtet?

Übung 2: Schritte des Erfahrungsaustauschs zu sozialen Problemen
Damit soziale Probleme nicht distanziert behandelt werden, muß der Aspektwechsel von persönlicher Betroffenheit und Beobachtung anderer Betroffener gedanklich in Beziehung gebracht werden. Eine mögliche Form, diese gedankliche Bewegung zu rhythmisieren bietet folgendes Beispiel:

Aspekt	Beispiel: Vorurteil
1. eigene Standortbestimmung	1. Meine Meinung zu Vorurteilen: Vorurteile führen dazu, daß …
2. positive Standortbestimmung	2. Eine Zugehörigkeitsgruppe, die ich akzeptiere oder bewundere, ist: …
3. negative Standortbestimmung	3. Eine Situation, in der ich erlebt habe, wie jemand beleidigt wurde und wie ich mich dabei verhalten habe: …
4. Selbsterfahrung als Betroffene(r)	4. Eine Situation, in der mir etwas wegen meiner Zugehörigkeit zu einer Gruppe (Geschlecht, Alter, Herkunft …) verwehrt wurde: …
5. Handlungsspielraum	5. Was kann ich gegen Vorurteile tun? Wen kann ich beim Abbau von Vorurteilen unterstützen?

(Das Beispiel entstammt sinngemäß Empfehlungen der Anti-Defamation-League, New York.)

Damit im Erfahrungsaustausch nicht nur die Aktiven beteiligt sind, sollte der Erfahrungsaustausch statt im lehrerzentrierten Gespräch unter Gesprächspartnern stattfinden. (Wenn aber ein Gruppenrahmen gewählt wird, können die in der Ich-Form gestellten Fragen in die Wir-Form gesetzt werden.)
Günstig ist es, wenn die Dialogpartner auf ein akustisches Zeichen hin wechseln und dann erst den nächsten Schritt des Gesprächs genannt bekommen. Auf diese Weise entstehen im sozialen Geflecht einer Gruppe viele Begegnungen auch unter Menschen, die nicht durch das „Band der Sympathie" miteinander verbunden sind.

In den folgenen Unterrichtseinheiten wird das Thema „Gefühle aufarbeiten" durch entsprechende Arbeitsbögen vertieft: Zunächst geht es um „Wut", dann um das „Sich-verlassen-Fühlen" und schließlich um „eine menschliche Enttäuschung". Die abschließende Übung 2 (Ein Gedicht in meinem Gesicht) dient dazu, auf die Behandlung schmerzlicher Erfahrungen ein Beispiel für Zuwendung zum Anderen folgen zu lassen. Durch die angesprochenen Unterrichtseinheiten wird geübt, auch über Gefühle sprechen zu lernen, die in weniger angenehmen Situationen entstanden sind.

2.6 Unterrichtseinheiten

Unterrichtseinheit: Wut

Wut ist ein sekundäres Gefühl, dem in schnellem Wechsel andere Gefühle wie Ärger, Ohnmacht, Scham vorausgehen, die nicht bewußt werden – am Ende habe ich nicht das Gefühl, das Gefühl hat mich, ich bin ihm ausgeliefert.
Häufig geht die Folge so ab:

Wut baut sich auf

1. verbale Interaktion
2. der Versuch der asymmetrischen Erhöhung / der Ignoranz / der Erniedrigung
3. der Versuch des symmetrischen Schlagabtauschs / der Selbstbehauptung
4. Schuldzuweisung, der Kampf um Macht
5. verbale, nonverbale Gewalt / Handgreiflichkeiten

Die Aggression steigert sich: je mehr sie ausgeübt wird, desto stärker wird sie (Piltz/Mösch, 1982 und W. Zirk, 1992). Sie muß früh heruntergeregelt werden. Wut kommt aus Hilflosigkeit, Streß, Angst. Ob diese leicht ausglöst werden, hängt von der Persönlichkeitsstärke, dem Beziehungsklima und der Tagesform ab.

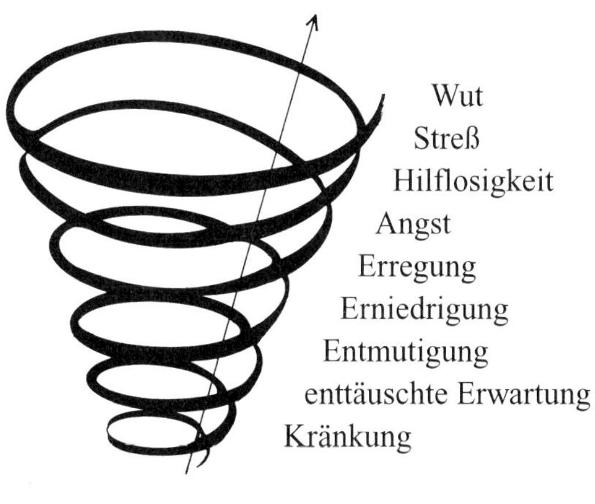

Eine Windhose veranschaulicht die Eskalation der Gefühle

Partnerinterview zur Wut

Was machte dich das letzte Mal unheimlich wütend?

Welche Gefühle waren im Vorfeld da und begleiteten dich bis zur Wut?

Was hätte dich besänftigt? Wie hättest du noch aussteigen können?

Was hast du dir in der Wut gewünscht?

Was hast du statt dessen mit dem Gefühlsstau und der Wut-Energie getan?

Was hast du erreicht?

Womit hast du deine innere Ruhe wieder aufgebaut?

Auswertung im Plenum

Welche Frage war schwierig zu beantworten?

Welche Ziele und Wünsche sind in der Wut vorhanden?

Was wird mit Wut erreicht?

Was hilft nach der Wut?

Was hilft vor der Wut?

Name: ______________________ Klasse: __ Datum: ______ 8

Wut entwickelt sich im schnellen Wechsel der Gefühle

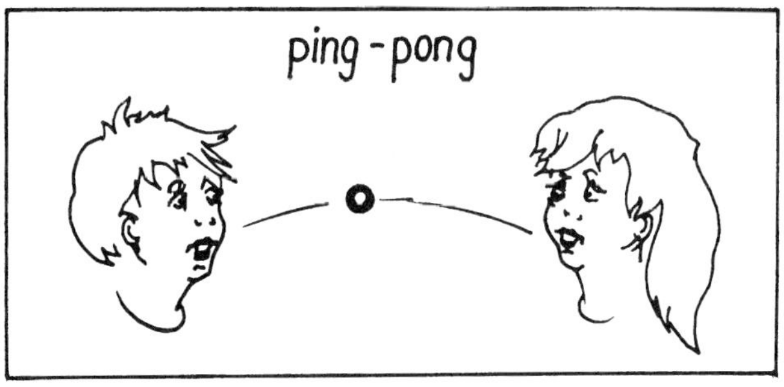

Herausforderung

Enttäuschung
Ärger, Schreck
Entmutigung
Kränkung
Gereiztheit
Sorge

Machtkampf

Aggression
Dominanzstreben
Scham
Aufregung
Streß
Angst vor
Erniedrigung
Unterlegenheit

Gefühl der
Ausweglosigkeit
Hilflosigkeit

Sprachliche und
körperliche Gewalt

Minderwertigkeitsgefühl
blinde Wut
Rachegelüste
Angst vor Rache

Schau dir die Bilder an und lies dazu die Erklärungen am Rand.
Was könnte in dem freigelassenen Feld passieren? Zeichne das Bild 5.
Anschließend werden die Ergebnisse gemeinsam durch Herumgehen im Raum betrachtet.

Unterrichtseinheit: Sich-verlassen-Fühlen[1]

Möglicher Einstieg in der Gruppe:

A) Helnwein: Mein Freund weint
Themen einer Bildbesprechung:
* möglicher inhaltlicher Kontext,
* ästhetische Mittel
* technische Mittel
* der Künstler
* die Message

B) Golden Gate Quartett: Sometimes I feel like a motherless child
Themen der Werkbesprechung:
* möglicher inhaltlicher Kontext
* Entstehungsgeschichte (Spiritual)
* Wirkungsgeschichte bis heute
* die Künstlergruppe

Partnerinterview zum Thema: Sich-verlassen-Fühlen
(s. Arbeitsblatt S. 80; freie Partnerwahl nach Sympathie)

Auswertung in der großen Gruppe
Welche Fragen waren schwierig zu beantworten?
Welche Fragen würdest du nicht jedem beantworten?
Warum nicht?
Haben wir etwas Neues voneinander erfahren, das wir vorher so nicht wußten?
Welchen Wunsch haben die meisten Menschen in so einer Situation?
(sammeln am Tafelbild)

Was kann ein hilfreicher Freund in so einer Situation tun?
Kann er in der Situation oder danach sprachlich helfen?
Welche Handlungen tun dem Betroffenen gut? (gestisch / mimisch)
(sprachlich – notieren)

Rollenspiel zum Probehandeln
Reflexion der Spieler
Reflexion der Beobachter

Übung: Ein Gedicht in meinem Gesicht
Bei dieser Übung soll selbsterfahrend und handelnd Poesie so umgesetzt werden, daß ihr Stimmungsgehalt empfunden wird. Gerade im Anschluß an die Behandlung schmerzlicher Erfahrungen wie „Sich-verlassen-Fühlen“ oder „eine menschliche Enttäuschung“ erfahren die Kinder durch diese Übung bewußt eine Handlungsmöglichkeit, die das Gefühl von Annahme, Trost und Entspannung vermittelt. Durch derartige Selbsterfahrungen entwickelt sich in ihnen ein Handlungsrepertoire, das ihnen als „wohlwollende Mitmenschen“ in ähnlichen (schmerzlichen) Situationen zur Verfügung steht, um es anderen zu Gute kommen zu lassen (s. Arbeitsbogen S. 82).

1 Hinweis: Von der Lehrkraft erfordert die Durchführung dieser Unterrichtseinheit Menschenkenntnis und Erfahrung im Umgang mit schwierigen Situationen.

Gottfried Helnwein: Mein Freund, 1978, 40 x 30 cm

Partnerinterview: Sich verlassen fühlen

In welcher Situation fühltest du dich einmal verlassen?

Was hast du dir in dieser Situation gewünscht?

Was hast du in dieser Situation getan?

Was passierte dann?

Hast du auch schon mal jemanden im Stich gelassen?

Woran erkennst du, daß sich jemand verlassen fühlt?

Hat sich jemand schon einmal mit diesem Gefühl an dich gewandt?

○ ja
Warum wohl?

○ nein
Warum wohl nicht?

Wie kannst du jemandem helfen, der in diesem Gefühl steckt?

Name: ______________________ Klasse: __ Datum: ______ 10

Eine menschliche Enttäuschung
(enttäuschte Erwartung)

Als du einmal von einem Menschen enttäuscht worden bist, worum ging es da?

___

Welche Gefühle kamen auf?

___

Was wolltest du?

___

Worauf kam es dir an?

___

Was wollten die anderen?

___

Worauf kam es denen an?

___

Was hätte passieren sollen?

___

Was hättest du dir gewünscht?

___

Wie hast du versucht, den anderen deine Enttäuschung zu zeigen?

___

Was hast du erreicht?

___

Was hätte dir geholfen, in deiner Enttäuschung Trost zu finden?

___

Wie hättest du dir bei jemandem Trost holen können?

___

Wie würdest du einen Enttäuschten trösten?

___

Ein Gedicht in meinem Gesicht

Mond
Baum
Abendruh
Mond
Traum
Augen zu
Mond
Wolke
Silberlicht
Mond
Mond
Rede nicht

Max Kruse

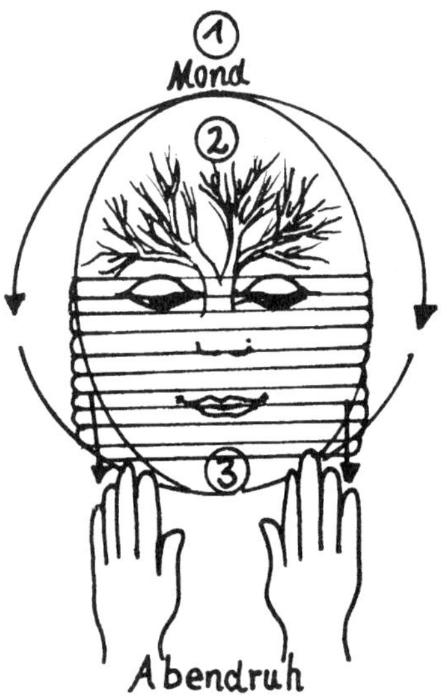

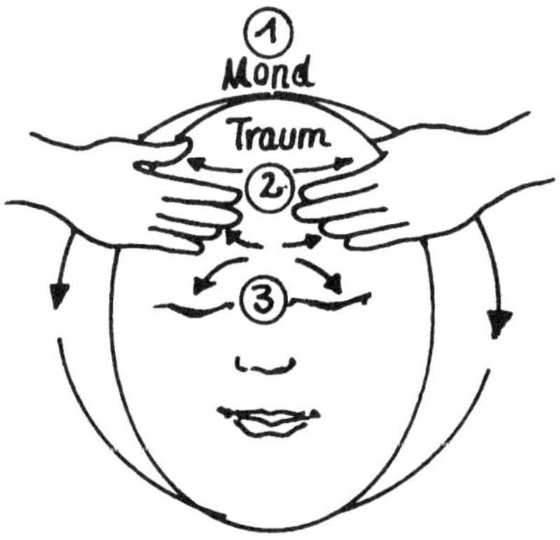

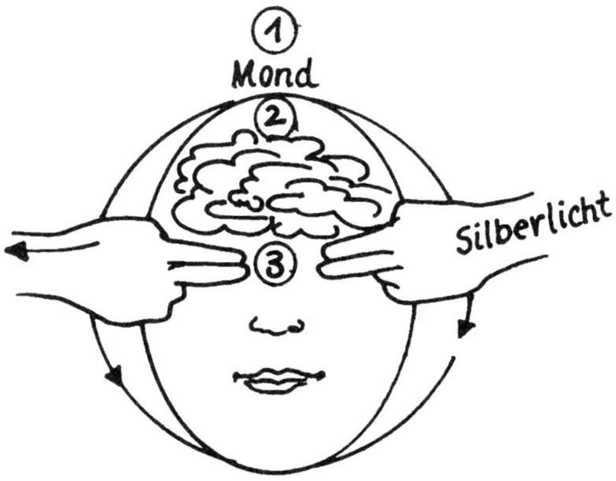

trösten durch berühren

Bei dieser Übung wird das Gedicht „Mond“ mit einer Streichelmassage in das Gesicht übertragen. Im Idealfall streichelt ein Kind die Bewegungsströme in das Gesicht eines anderen befreundeten Kindes.
Kinder, die keinem Partner gefühlsmäßig nahstehen, werden diese Hürde nicht nehmen. In diesem Fall streicheln sie das Gedicht in ihr eigenes Gesicht. Sie werden aber durch Beobachtungen der Streichelmassage mit Partnern und in der anschließenden Reflexion der Übung hören, wie angenehm es für den Gestreichelten ist. Als „Hausaufgabe“ können sie die Streichelmassage mit ihrem Vater oder ihrer Mutter gegenseitig ausprobieren und von der Erfahrung berichten.

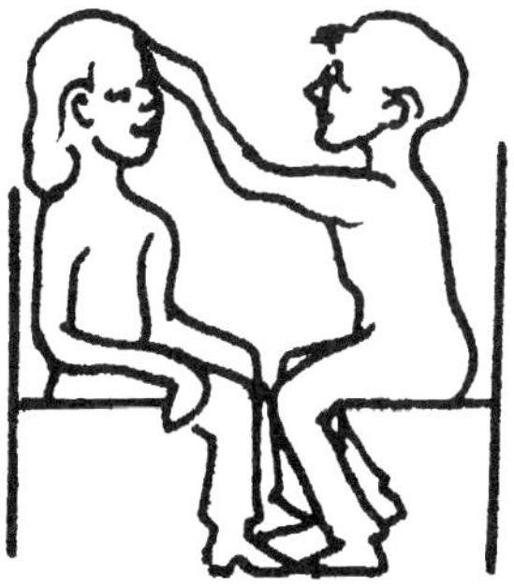

So wird die Übung als Partnerübung eingeführt:
Die Partner sitzen sich so gegenüber, daß einer frontal (aktives Kind – führt Streichelmassage aus), der andere mit dem Rücken (passives Kind – darf Streichelmassage genießen) zum Lehrer sitzt. Die Haare werden aus dem Gesicht des Partners gestrichen.
Dann wird der Lehrer beobachtet:
Er spricht langsam das Gedicht und macht dabei die Bewegungen vor. Die aktiven Partner sprechen mit und folgen den Bewegungen des Lehrers, indem sie sie in das Gesicht des Partners übertragen.
Am Ende wird beim passiven Partner erfragt, wie er die Streichelmassage empfunden hat. Dann wechseln die Partner die Rollen und Positionen für den zweiten Durchgang.
Als Hilfe dient der Arbeitsbogen „Ein Gedicht in meinem Gesicht“. Die Kinder können das Gedicht dort selbst lesen. In den Zeichnungen darunter sind die Wörter des Gedichts zu den Bewegungen der Massage in Bezug gesetzt: Die Ziffern bei den Zeichnungen geben die Reihenfolge der jeweiligen Bewegungen an. Die Pfeile und Symbole (Baum, Augen, Wolke) weisen auf die Richtung der jeweiligen Bewegungen zum jeweiligen Wort des Gedichts hin.

Unterrichtseinheit: Streitlösungshilfe

In der Wolle
Es war einmal ein kleiner böser Zankgeist mit dem Namen Giftnickel. Unmerklich hatte er sich in einem bunten Kinderzimmer eingenistet.
Immer, wenn sich zwei Kinder zankten, hörte man, wie er schadenfroh aus einer Ecke heraus lachte und sich vor Vergnügen auf die Schenkel schlug. Einmal saß er auch im Ohr des einen Kindes und zischte: „Gib ihm Saures!“
Er vergiftete schon einige Zeit die Stimmung im Kinderzimmer, ohne daß die Kinder wußten, wie sie den unsichtbaren Zankgeist loswerden konnten. Waren sie sich einmal einig, daß sie ihn vertreiben wollten, hielt er sich gut versteckt und war nicht zu hören. Dann wieder zankten sich die Kinder so schlimm, schlugen und traten sich, daß der Giftnickel vor Vergnügen laut juchzte und schrie.
Doch die Kinder hatten eine kluge Großmutter, die schenkte jedem ihrer zwei Enkel ein wunderschönes kuscheliges Knäuel Schmusewolle. Die Knäuel waren weich wie Kaninchen. Das eine war hellblau, das andere zartlila. Sie sollten die Knäuel der Streitlösung sein.
Erst wußten die beiden Enkel nicht, was sie damit tun sollten.
Sie hielten das Knäuel an ihr Gesicht, ließen etwas weichen Faden über die Oberlippe streicheln, wickelten etwas Faden ab und legten daraus ein Musterbild. Zum Schluß nahmen sie den Faden hoch und ließen ihr Knäuel hüpfen, bis es sich fast aufgelöst hatte.
Dabei verhedderten sich die Fäden miteinander, man konnte bald nicht mehr erkennen, wie sie miteinander verwickelt waren. Plötzlich wollte jeder seine Wolle schnell wieder zurückhaben. Doch je mehr sie zogen und zerrten, desto schlimmer

wurden die Verwicklungen. Bald beschuldigten und beschimpften sie sich. Ein Enkelkind drohte dem anderen sogar Schläge an.
Aus mehreren Ecken erklang schon wieder das schadenfrohe hämische Lachen des Giftnickels.
Da eilte die Großmutter herbei, beruhigte die beiden und setzte sie getrennt gegenüber.
Und weil sie eine kluge Frau war, sagte sie: „Mit dieser Wolle könnt ihr selbst das Lösen lernen. Zwar helfe ich euch, den Anfang des Fadens zu finden, doch stecken in jedem Knäuel vier Frageknoten, die ihr einander beantworten und erklären müßt.

vier Frageknoten der Streitlösung

Der 1. Knoten des Ziels fragt:
Was möchtet ihr beim anderen erreichen?
Der 2. Knoten des Gefühls fragt:
Welche Gefühle kommen bei dem Streit auf?
Der 3. Knoten der Beziehung fragt:
Wie wollt ihr zueinander stehen – 2 Gleiche oder 2 sich Ergänzende?
Der 4. Knoten der Wünsche fragt:
Was wünscht ihr euch in der Situation? Was müßte passieren?
Mit diesen Worten gab ihnen die Großmutter die beiden Anfangsfäden und verschwand.
Die Enkel fanden die vier Frageknoten schnell. Mit ihnen gelang ihnen alleine eine Lösung, die ungewöhnlich war.
Die Kinder hörten den Giftnickel noch leise fluchen, dann war er sprachlos.

Ortrud Hagedorn

Anleitung:
* L oder ein vorbereiteter Leser liest die Geschichte im Stuhlkreis vor.
* Spontanäußerungen.
* Auf welche Lösung sind die Kinder wohl gekommen? (Ideensammlung – es gibt fast immer mehrere Möglichkeiten)
* Geschichte auf Kinderanweisung ästhetisch nachvollziehen:
  Beidhändig mit Stiften auf Pappe ein Muster legen, hüpfend abwickeln, verwirren.
  4 Knoten als Wortkärtchen verdeckt hineinsetzen.
  Wer weiß, was die Knoten fragen? (aufdecken)
  Spiel: 2 Enkel streiten sich,
  Giftnickel freut sich,
  Großmutter erinnert an 4 Knoten und legt sie verdeckt aus,
  die Kinder lösen die 4 Knoten.

Unterrichtseinheit: Freunde

Freunde werden gebraucht
Fragend entwickelndes Gespräch unter 2 Aspekten

sozialer Gewinn durch eigenes Tun

1. Wie gewinnt man Freunde?

2. Wie wird man ein guter Freund?

zu 1. Wer hat einen besten Freund?
Was macht ihn aus?
Woran merkt man das?

Freunde gewinnen

* freundlich sein
* zuhören können
* viel zuammensein (Nähe)
* Interessen teilen
* helfen
* Geheimnisse bewahren
(L: Außer gefährlichen Geheimnissen – Mißhandlung, Mißbrauch, Erpressung –, diese müssen Freunde gemeinsam ans Licht holen.)

Freundschaft pflegen

zu 2.
* nicht kränken, Grenzen erkunden und wahren
* zuhören
(gutes und schlechtes Zuhören definieren)
* anderes Interesse – ihm zuliebe mitmachen, nicht vermiesen
* solidarische Hilfe lernen, Menschen stützen und aufbauen

Im Rahmen dieser Einheit sollte ein Lied zur Freundschaft gemeinsam erarbeitet und gesungen werden. Von der Klasse 3 an eignet sich das Volkslied „Wahre Freundschaft“. Kinder der Klasse 5 und 6 mögen das Lied der Comedian Harmonists „Ein Freund, ein guter Freund ...“.

Unterrichtseinheit: Was uns verbindet (2 Stunden)

Standortbestimmung

Jedes Kind schreibt auf eine Karte vier Wörter für
die Lieblingsfarbe,
das Lieblingstier,
die liebste Beschäftigung (Hobby),
den liebsten Ort, wo es am schönsten ist.

Gemeinsamkeitserfahrung

Die Kinder kommen in den Stuhlkreis und legen ihre Karten in die Mitte.
Eine Karte wird herausgezogen, ein Begriff wird still abgelesen und in folgende Aufforderung eingefügt:
„Alle, deren liebster Ort der Wohnzimmersessel ist, sollen aufstehen und schauen, für wen das auch gilt.“
Die Karte wird abgelegt und eine neue Karte herausgezogen ...

eigene Zuordnung durch Bewegung im Raum

Eine rhythmische Musik wird abgespielt. Zu ihr laufen die Kinder durch den Raum. Sobald die Musik unterbrochen wird, sollen sie auf Anweisung mögliche Gruppen bilden.
„Alle, die die gleiche Farbe lieben, finden sich zusammen!“
„Alle, die ein gleiches oder ähnliches Hobby haben, finden sich zusammen!“ usw.

bildliche Umsetzung

Aufgabe ist nun, sich zum Zeichnen eines Gemeinschaftsbildes (DIN A3) zusammenzufinden. Was die Gruppe miteinander verbindet, wird von jedem Gruppenmitglied in die Mitte des Blattes gezeichnet und mit dem „Band der Gemeinsamkeit“ zeichnerisch eingerahmt. An den Rand des Bildes werden die Vorlieben gezeichnet, die jedes Gruppenmitglied für sich allein hat. Mitunter entdecken die Beteiligten jedoch noch mehr Gemeinsamkeiten. Wie können sie auch diese zeichnerisch deutlich machen? Was fällt ihnen für eine Lösung ein?

Sichtung durch Bewegung im Raum

Eine langsame Musik wird abgespielt. Zu ihr laufen die Kinder durch den Raum und betrachten die Bilder mit dem Ziel, sie zu verstehen. Es darf nachgefragt und erklärt werden.
Sobald die Musik unterbrochen wird, gehen alle zurück auf ihre Plätze.

Rückschau

Was ist gelungen? Was war schwierig? Wie kann es gelöst werden?

Unterrichtseinheit: Vom offenen Soziogramm zur konfrontativen Selbstwahrnehmung[1]

Jedes Kind notiert auf einem Zettel die Namen von drei Kindern, die nach persönlicher Erfahrung gut Freundschaft halten können. Auf einer großen Klassenliste wird jede Namensnennung mit einem Punkt versehen.
Das Ergebnis wird mit Spannung und – je nach Selbsteinschätzung des Kindes – mehr oder weniger überrascht aufgenommen. An die Darstellung der Ergebnisse wird eine Beratung zur rationalen Selbstanalyse angeknüpft:

Wirkungen an Beispielen konkretisieren

- Überrascht dich dein Ergebnis?
- Kannst du dir denken, warum es so ist?
- Willst du es wissen?
- Wer soll es dir sagen?
- Willst du einen Rat haben, wie du es ändern kannst?
- Von wem kannst du einen Rat annehmen?
- Wer kann dir beim Aufbau eines neuen Verhaltens hilfreich sein?
- Wie kann er/sie dir helfen?

Dieses Verfahren führt bei den Kindern, die von Haus aus „wattiert" behandelt werden, zu schmerzlichen Realitätswahrnehmungen. Es kommt bei dieser Unterrichtseinheit daher sehr auf das Einfühlungsvermögen der Lehrkraft an. Das ist vor allem dann gefordert, wenn die Ursachen einer geringen Punktzahl sehr scharf erklärt werden. In einem solchen Fall muß die Lehrperson den scharf formulierten Beitrag weich spiegeln und eventuell eine kurze Verhandlung zwischen dem betroffenen und dem wenig gelittenen Kind leiten können. Das sollte an einer beispielhaften Situation erfolgen.

Kooperationsspiele

Im Anschluß an die Auswertung ist es sinnvoll, ein Kooperationsspiel oder -vorhaben folgen zu lassen. Dafür eignen sich z. B: Gemeinschaftsbild, Tonbandaufnahme eines Liedes, Tänze, Suppe kochen, Satzgeschenke, Spiele wie „Donauwellen" oder „Ich sitze im Grünen" (s. S. 90). Die schmerzliche Realitätswahrnehmung für die Betroffenen wird dadurch gemildert, außerdem bietet sich eine unmittelbare Gelegenheit, die neue Erkenntnis konstruktiv in eine Handlung umzusetzen.

Satzgeschenke

Mit der Kopiervorlage „Satzgeschenke" wird hier bereits eine Möglichkeit zum Kooperationsspiel angeboten. Die Schmucketiketten werden von den Kindern ausgeschnitten. In die Felder werden freundliche Wahrheiten für die zu beschenkenden Kinder hineingeschrieben. Die Beschenkten legen in ihrer Mappe oder ihrem Ordner eine Klebeseite an, auf der sie die Satzgeschenke sammeln.

Gemeinschaftserfahrung

Am Ende einer guten Gemeinschaftserfahrung ist es auch schön, den Kanon „dear friends" zu singen. Die Kinder stehen im Kreis und fassen sich an den Schultern; beim Singen wiegen sie sich leicht hin und her. Um den Kanon abzuschließen, wiederholen alle Stimmen die letzte Zeile so lange, bis auch die letzte Gruppe am Ende angekommen ist und alle einstimmig singen. Als Singspiel, bei dem eigene Wortreihen hinzuerfunden werden können, bietet sich das Lied von John Lennon „give peace a chance" an.

1 Hinweis: Diese Unterrichtseinheit sollte nur von Lehrkräften durchgeführt werden, die sich auf dem Gebiet der Mediation sicher fühlen.

Schulterfassung
wiegen
Kanon singen in 2 Kreisen

DEAR FRIENDS

Dear friends, dear friends,
let me tell you, how I feel:
you have given me such pleasure,
I like you so!

Freunde, Freunde,
laßt mich sagen, wie mir ist:
Ihr gabt mir wieder neue Hoffnung!
Ich mag Euch so.

Spiel: Gebt Frieden zusammen

Gruppe 1: Ev'rybody's talking 'bout
Einsiedler, Umsiedler, Aussiedler, Übersiedler, Altsiedler, Neusiedler, Erstsiedler, Zweitsiedler, Fiedler und Siedler.
Alle: All we are saying, is: „Give peace a chance."
All we are saying, is: „Give peace a chance."

Gruppe 2: Ev'rybody's talking 'bout
Ausländer, Inländer, Niederländer, Engländer, Bishops and Fishops, Rabbis and Pop-eyes, bye bye, bye byes
Alle: All we are saying, is: „Give peace a chance."
All we are saying, is: „Give peace a chance."

Gruppe 3: Ev'rybody's talking 'bout
Revolution, evolution, mystication, mediation,
Regulation, integration, meditation, 'nited nation, congratulation.
Alle: All we are saying, is: „Give peace a chance."
All we are saying, is: „Give peace a chance."

Gruppe 4: Ev'rybody's talking 'bout
kleine Leute, große Leute, dicke Leute, dünne Leute, alte Leute, junge Leute, helle Häute, dunkle Häute, meine Leute, deine Leute, Leute und Leute.
Alle: All we are saying, is: „Give peace a chance."
All we are saying, is: „Give peace a chance."
All we are saying, is: „Give peace a chance."frz. Tout ce qu' on chante: „Une chance pour la paix."
d. Was wir nur sagen: „Gebt Frieden zusamm'n."

Name: ______________________ Klasse: __ Datum: ______ 12

Vorlagen Satzgeschenke

von ______

von ______

von ______

Das meint : ______

Dein(e) ______

Dein(e) ______

Dein(e) ______

Unterrichtseinheit: Unsere Gemeinschaft

(2 Stunden)

1. Standortbestimmung:

Klassengespräch:
Welche Wirkung Gemeinschaftssinn und Isolation auf das Lebensgefühl haben. (Stichworte am Tafelbild)
Die Kinder stellen sich hinter ihren Stuhl. Beim Start einer rhythmischen Musik bewegen sie sich frei durch den Raum. Wird die Musik unterbrochen, wenden sie sich dem nächsten Partner zu:

2. positive Situationsbeschreibung:

Partnergespräch:
Eine Gemeinschaft, die ich bewundere und zu der ich gerne gehören würde.
Freie Bewegung im Raum nach Musik; bei Unterbrechung erneute Partnerwahl:

3. negative Situationserfahrung:

Partnergespräch:
Eine schlechte Gemeinschaft, die ich beobachtet habe, und was mir daran nicht gefiel.
Freie Bewegung im Raum nach Musik; bei Unterbrechung erneute Partnerwahl:

4. Selbsterfahrung als Betroffene(r):

Gespräch:
Eine Situation, in der ich unsere Gemeinschaft als unangenehm erfahren habe.
Freie Bewegung im Raum nach Musik; bei Unterbrechung Gruppenbildung zu viert:

5. Handlungsspielraum:

Was können wir zur Verbesserung tun?
In welcher Situation wollen wir etwas tun?
Zeit: 3 Minuten; Protokollzettel und Stift.
Freie Bewegung im Raum nach Musik; die Kinder richten sich dabei zentral oder im Kreis aus:

6. Vereinbarung:

Im Plenum werden Vorschläge vorgetragen und nach Umsetzbarkeit diskutiert. Notiz der getroffenen Vereinbarungen auf einem Plakat. Bestätigung der Absichten durch Unterschriften.
Aufschreiben ins Heft. Der subjektiv bedeutsamste Schwerpunkt wird farbig markiert.

7. Übung:

Geeignet sind:
kleine Rollenspiele, Satzgeschenke, „Ich sitze im Grünen".

8. Rückschau und Bewertung am nächsten Tag:

Wem unter uns ist etwas Bemerkenswertes aufgefallen?
Was ist schon besser gelungen?

Unterrichtseinheit: Der Klassenrat – Hilfe zur Zusammenarbeit

(Stuhlkreis, Gesprächsleitung, Schreibkärtchen, Moderationshilfe: Erzählstein)
Indianerstämme hatten einen Ältestenrat. Diesen schickten sie zu Verhandlungen mit anderen Stämmen, wenn es Stammesfehden gab. Dort wurde nach einem geregelten Ritual miteinander verhandelt, um den „Kriegspfad" zu vermeiden. Im Innenkreis saßen die Abgeordneten beider Stämme. Die Beobachter saßen außen und verfolgten die Verhandlung, die ein Medizinmann regelte.

Die Methode der Indianerberatung ist die Grundlage für die folgende Unterrichtseinheit:

Zielbereich definieren
Problemfeld offenlegen

Was erwarten und erhoffen die Anwesenden von der Beratung?
Karten:
Jeder schreibt auf, was er für das wesentliche Problem in der Gruppe hält; Probleme annehmen durch Vorlesen der Karten; Gliederung des Problemfelds in Teilprobleme; Visualisieren durch Auslegen der Karten; sich für die Bearbeitung eines Teilproblems entscheiden.

Konkretisierung der Ausgangslage

Bezeichnende Situationen für das Teilproblem nennen; Wechselwirkungen schildern; unerfreuliche Gefühle annehmen (bei „Ich-Sendung“ helfen: wenn … (Situation), dann … (Gefühl); Zusammenfassen des Teilproblems: was ist den Situationen ähnlich, in denen das Teilproblem auftritt?

Konkretisierung des Ziels

Idealvorstellungen und Wünsche äußern; woran ließen sich die Idealvorstellungen und Wünsche erkennen?

eigene Handlungsmacht aufbauen

Welche zeitlichen und örtlichen Möglichkeiten haben wir?
Was könnten wir gemeinsam für unsere Ziele daraus machen?
Was steht in unserer eigenen Macht?
Handlungsmöglichkeiten und Handlungsspielraum entwickeln (auf konkrete Situationen hin planen, absprechen, schriftlich fixieren).

Operationalisierung (Selbstverpflichtung)

Weitere Vorgehen verabreden. Wer von uns tut was/wann/wo?

Spiel: Ich sitze im Grünen

(ab Klasse 3)
Die Kinder sitzen im Kreis. Ein Stuhl ist frei.
Das Kind links daneben sagt: „Ich sitze …“ – und rutscht einen Platz auf.
Das Kind links neben dem freien Platz sagt: „… im Grünen …“ und rutscht einen Platz auf.

jemanden umwerben

Das Kind links neben dem freien Platz sagt: „… und liebe …“ und rutscht einen Platz auf.
Das Kind links neben dem freien Platz sagt: „Katja“ und Katja kommt auf den freien Platz.
Links neben dem Platz, der jetzt frei geworden ist, beginnt das Ritual neu.
Nach einigen Durchgängen wird das Spiel gesteigert.
Das genannte Kind muß nicht gleich kommen. Es kann sich anwerben lassen. Schüttelt es nur mit dem Kopf, muß das andere Kind vor seinem Platz knien und bitten. Das angeworbene Kind kann nun zum Platz kommen oder sich noch weiter anwerben lassen. Schüttelt es nur mit dem Kopf, muß das andere Kind es kniend mit einem Handkuß bitten. Das angeworbene Kind kann nun zum Platz kommen oder sich weiter anwerben lassen. Schüttelt es nur mit dem Kopf, muß das andere Kind es mit einem Wangenkuß bitten. Nach so viel Werbung kommt es mit.
Wird das Spiel erstmals gespielt, reagieren die Kinder sehr genant.
Jungen und Mädchen trauen sich vorerst nicht, ein Kind anderen Geschlechts zu nennen. Wer den Mut hat, verdient Applaus. Ist das Eis erst gebrochen, spielen die Kinder dieses Spiel wieder und wieder mit viel Freude bis alle Vorlieben füreinander deutlich geworden sind.

Unterrichtseinheit: Wertschätzungen – Unter dem Eisberg

(Meinungsbild zu Motiven, Zielen, Gefühlen und Werten)

1. Ich-Du Schaubild „Wenn zwei Eisberge miteinander in Beziehung treten“. Lehrerkommentar: Es gibt erkennbare und schwer erkennbare Aspekte einer Beziehung. Sie beeinflussen unser Handeln und unsere Konflikte. Wir kennen sie oft selbst nicht genauer.

sich selbst Wertschätzungen bewußtmachen

2. Märchentext „Die Entscheidung“ wird vorgelesen oder still von den Kindern selbst gelesen:
   – Verständnisfragen klären
   – welche fünf Personen kommen in dem Märchen vor?
   – Aufgabenstellung klären
   – entscheiden und ausfüllen des Arbeitsbogens „Meine Entscheidung“.
3. In Dreiergruppen die Entscheidungen vergleichen, Begründungen angeben und Gemeinsamkeiten herausfinden.
4. Den Personen Eigenschaften in Stichworten schriftlich zuordnen. Sich im Stuhlkreis vorstellen:
   * „Ich möchte eher ... sein.“
     (kennzeichnendes Adjektiv der 1. Person im Märchen)
   * „Ich möchte nicht ... sein.“
     (kennzeichnendes Adjektiv der 5. Person im Märchen)
5. Reflexion in der großen Gruppe:
   – Bezugnahme auf Ich-Du Schaubild „Zwei Eisberge“
   – Eintragung von Gefühl, persönlicher Werthaltung und Zielen in das ICH auf dem Arbeitsbogen „Meine Entscheidung“
   – im Stuhlkreis gemeinsame Werte und Ziele der ganzen Gruppe sammeln und in ein zentrales Medium eintragen (Eisberg-Bild S. 92 vergrößern und auf Tonkarton kleben).
6. Wie würde das Märchen ausgehen, wenn es nach euren Werten, euren Vorstellungen ginge?

Die Entscheidung

Märchentext

Es waren einmal zwei Königskinder, die hießen Laskin und Ceyhan. Sie hatten einander sehr lieb. Doch sie konnten nicht zusammenkommen, denn zwischen ihnen war ein gefährliches Wildwasser voller Strudel. Es hatte sogar die einzige Brücke fortgerissen.

Laskin besaß eine Zauberflöte. Wenn sie auf ihr spielte, vergaßen die Menschen ihren Kummer. Nun stand sie am Wasser, öffnete ihr wunderschönes langes Haar und spielte für Ceyhan auf der Zauberflöte. Während sie so spielte, war Ceyhan total beglückt. Hörte sie auf zu flöten, gingen beide unglücklich vor Sehnsucht wieder nach Hause.

Heimlich hatte Laskin auch ein einsamer alter Glatzkopf namens Paddel-Ole zugehört. Er besaß ein altes Kanu, mit dem er früher einmal Meisterschaften gewonnen hatte. Die Erinnerungen an die früheren Erfolge waren sein Stolz.

Er erklärte sich bereit, Laskin über den Fluß zu bringen. Als Preis verlangte er jedoch ihr wunderschönes langes Haar und ihre Zauberflöte.

Empört lehnte sie diese unverschämten Forderungen ab. Lieber wollte sie warten, bis sich eine andere Lösung findet.

Sieben Wochen wartete sie vergeblich.

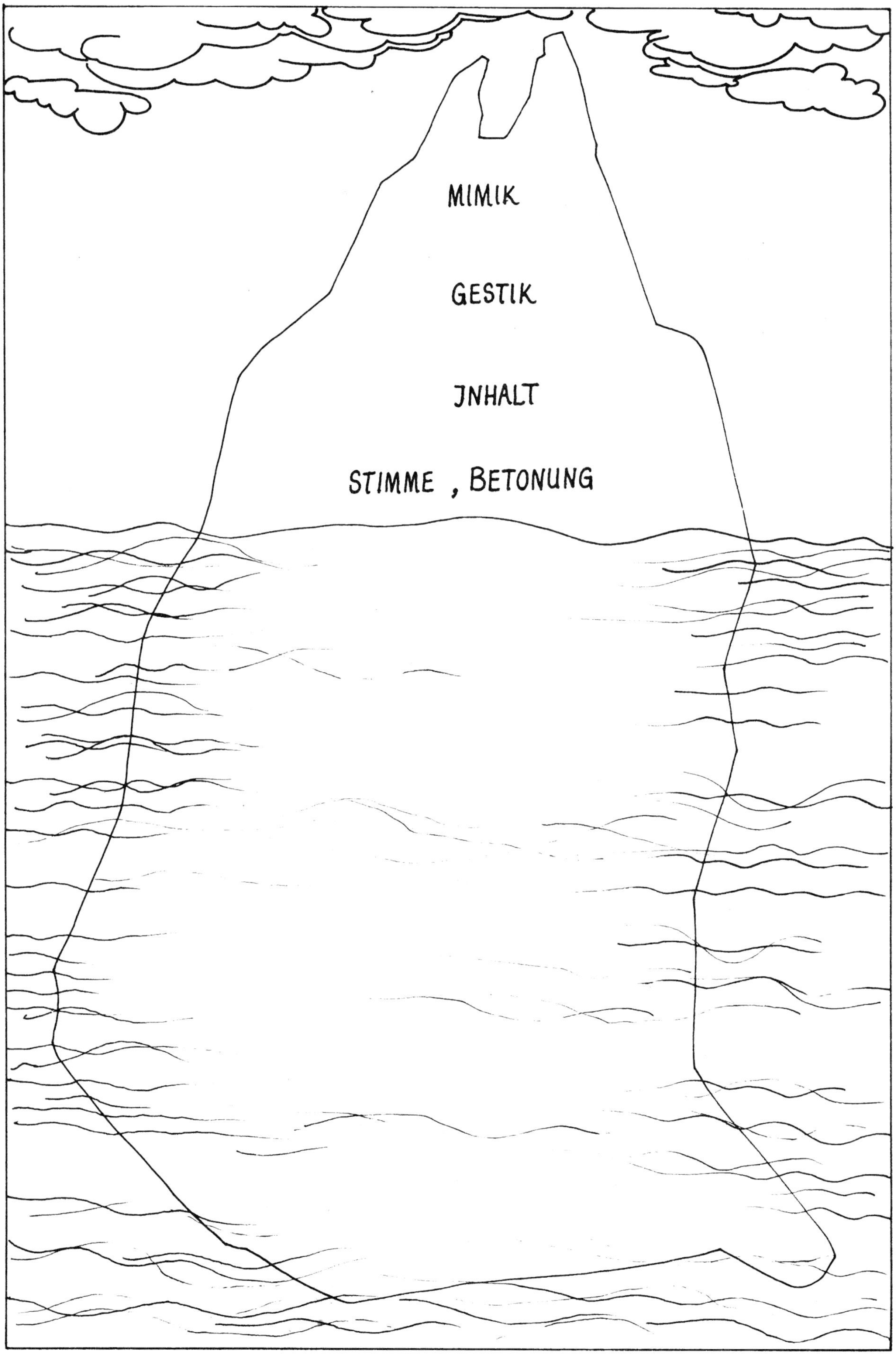
MIMIK
GESTIK
JNHALT
STIMME , BETONUNG

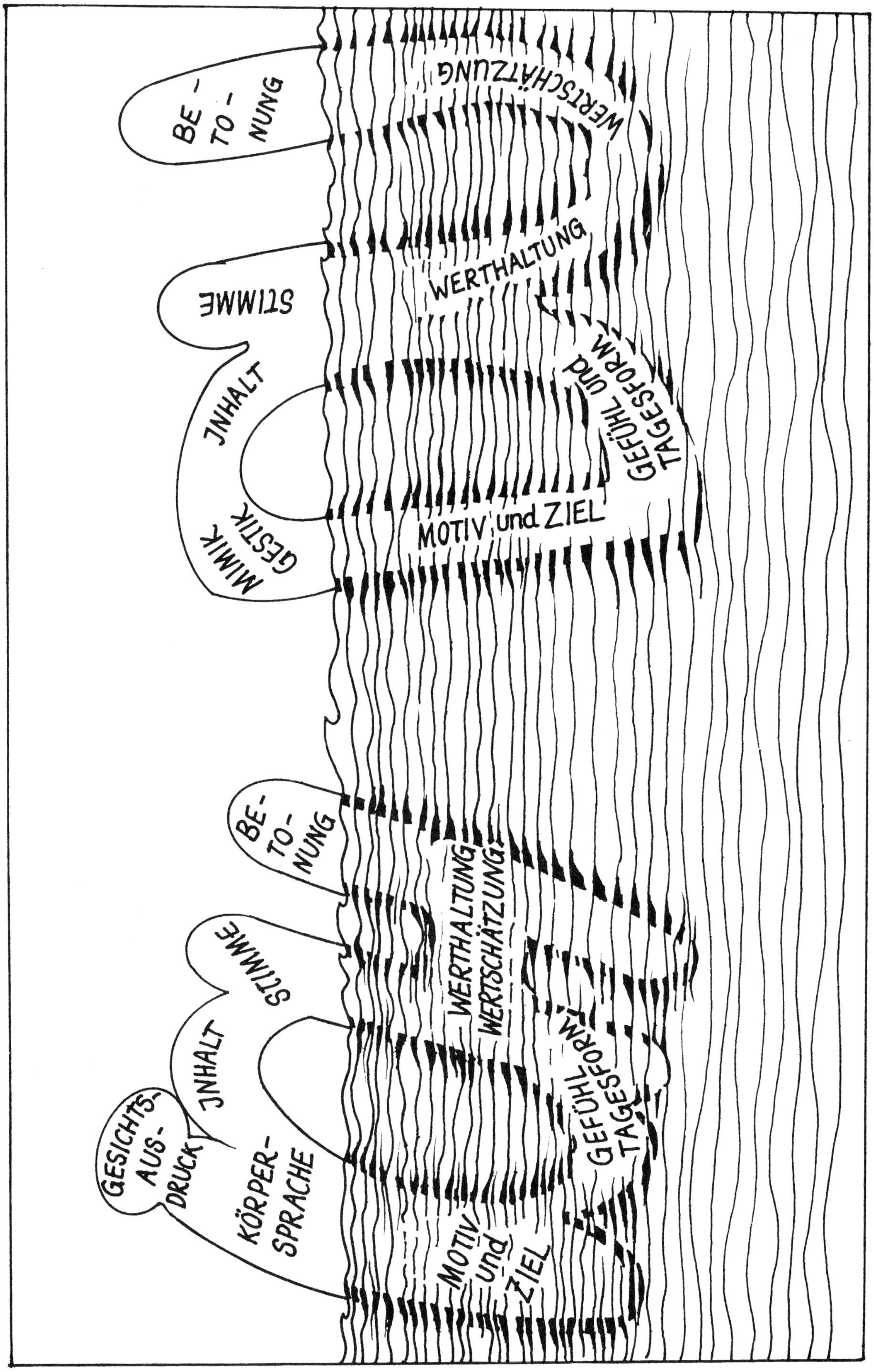
BE-TO-NUNG
STIMME
JNHALT
MIMIK GESTIK
WERTSCHÄTZUNG
WERTHALTUNG
GEFÜHL und TAGESFORM
MOTIV und ZIEL
BE-TO-NUNG
STIMME
JNHALT
GESICHTS-AUS-DRUCK
KÖRPER-SPRACHE
WERTHALTUNG
WERTSCHÄTZUNG
GEFÜHL
TAGESFORM
MOTIV und ZIEL

Meine Entscheidung

In dieser Geschichte kommen 5 Personen vor. Für welche Person hast du am ehesten Verständnis, für welche Person hast du am wenigsten Verständnis? Sortiere die Personen danach:

1. ______________________ ______________________
2. ______________________ ______________________
3. ______________________ ______________________
4. ______________________ ______________________
5. ______________________ ______________________
6. ______________________ ______________________

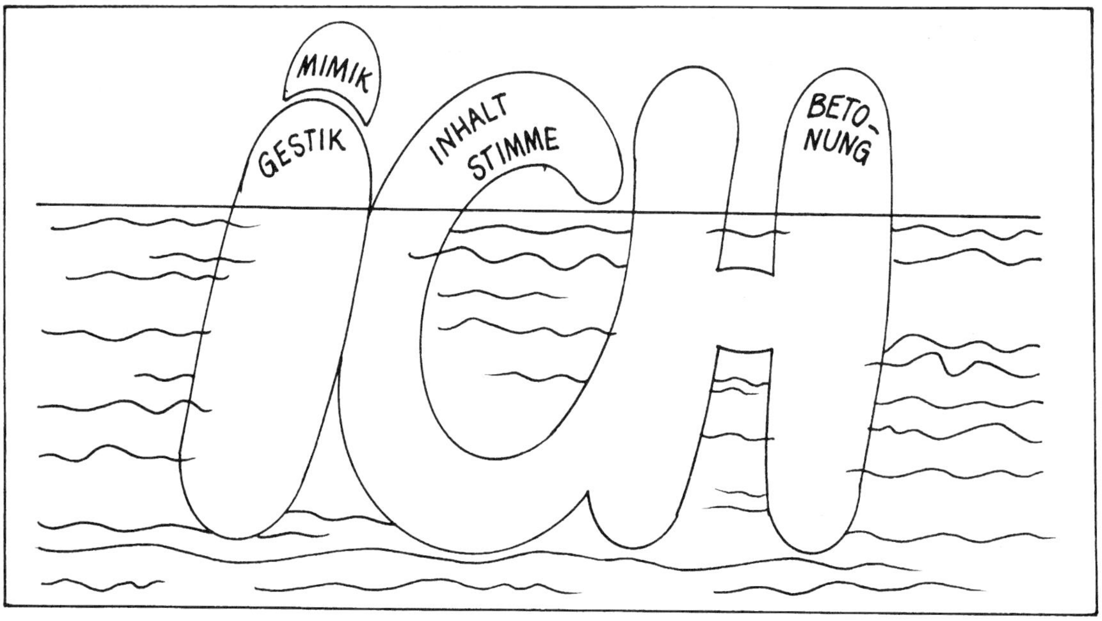

Enttäuscht bat sie ihre Mutter um Rat.
Die Mutter antwortete: „Laskin, du bist jetzt fast eine junge Frau. Du mußt selbst wissen, was du willst und deine Entscheidung allein treffen. Ich kann dir die Entscheidung nicht abnehmen," sprach's und ging ihren eigenen Aufgaben nach.
Laskin überlegte lange hin und her. Schweren Herzens rasierte sie sich den Kopf, nahm ihre Zauberflöte und brachte Haar und Flöte zu Paddel-Ole. Mit starker Hand paddelte er sie durch das tobende Wasser an das andere Ufer. Durchnäßt und mit blauen Lippen rief sie nach Ceyhan.
Doch Ceyhan erkannte sie kaum wieder. Unsicher bat er sie, auf ihrer Zauberflöte zu spielen, um zu prüfen, ob sie es ist, die ihn immer so glücklich machen konnte. Doch Laskin konnte ihm nur erzählen, was vorgefallen war. Teils mißtrauisch, teils enttäuscht, teils neidisch auf Paddel-Ole rief er: „So?! Das hast du getan? Das täte Laskin niemals. Verschwinde aus meinen Augen, Glatze!"
Verzweifelt rannte Laskin zum Ufer. Aber Paddel-Ole war nicht mehr zu sehen. Es gab kein Zurück. So versteckte sie sich im Wald. Dort hielt sich auch ein junger Bursche namens Robin H. versteckt. In seiner Hütte erzählte sie ihm unter Tränen ihre Geschichte. Robin H. war sehr empört und rief: „Ich werde deine Ehre rächen", und griff zu Pfeil und Bogen. Laskin half ihm, das Pferd zu satteln. Als Robin im wilden Galopp davonritt, räumte sie seine Hütte auf und summte dabei ein altes Lied.

Ortrud Hagedorn

2.7 Fantasiearbeit, Kreativübungen

In ganz unterschiedlichen Situationen sind Fantasiearbeit und Kreativitätsübungen hilfreich. Sie lassen sich bei vielen im Schulalltag entstandenen Themen anwenden, um den Einfallsreichtum bei der Bewältigung von Konflikten oder einfacheren Problemlagen zu fördern. Nachfolgend einige Hinweise, die sich nutzen lassen, um ein brisantes oder aktuelles Thema zu behandeln:

akustische Einstimmung

- In das Thema wird mit einer akustischen Einstimmung eingeführt, die als Stilleübung oder Fantasiereise aufgebaut ist. (Wir hören die Musik zu einem „Film", dessen Bilder in unserem Kopf entstehen.)

Wörter assoziieren

- In Gruppen werden zum Thema frei Wörter assoziiert/notiert. In einer Auswertung wird farbig markiert, was von mehreren assoziiert oder als bedeutsam beurteilt wird.

in Bildern assoziieren

- Es wird zeichnerisch assoziiert, was mit dem Thema subjektiv verbunden ist. Danach werden die Ergebnisse gesichtet. Teile werden ausgeschnitten und auf ein großes Gemeinschaftsbild geklebt.

Stichwortkarten

- Bei aktuellen Problemlagen wird aus den Stichwortkarten der Kinder zum aktuellen Thema ein Tafelbild erstellt. Beraten und sortieren Sie mit den Kindern, welche Stichwörter eher hilfreich, welche eher hinderlich zur Problembearbeitung sind. Lassen Sie die Kriterien für die Entscheidung von den Kindern selbst nennen.

Dialogschreiben

- Regen Sie das Dialogschreiben mit Rollenbotschaften an:

An: ______________________________
1. Was Du mehr tun solltest: ______________________________
2. Was Du weniger tun solltest: ______________________________
3. Was Du weiter tun solltest: ______________________________
damit wir ______________________________
Von ______________________________

oder:

Liebe/r ____________________
Einig bin ich mit Dir, wenn ____________________
____
Uneinig bin ich mit dir, wenn ____________________
____
Unbekannt bleibst Du mir, wenn
____
Dein/e ____________________

konkrete Utopien

- Lassen Sie zum freien Schreiben konkrete Utopien entwickeln:
  - Wenn wir selber eine Schule gründen würden: ...
  - Wenn das Schulhaus uns gehören würde: ...
  - Wenn wir die Stadt umweltfreundlich verändern sollten: ...
  - Wenn ich ein Vater wäre: ... Wenn ich eine Mutter wäre: ...

Beraten Sie mit den Kindern, welche Elemente der Utopien im kleinen Rahmen schon heute verwirklicht werden können.

absurder Zufall

Übung 1: Eine Stichwortgeschichte zusammenbauen
(Stuhlkreis)
Jeder spricht dem rechten Nachbarn einen Namen und dem linken Nachbarn einen Liedanfang ins Ohr. Wer beides im Ohr gespeichert hat, legt die Hände flach auf die Oberschenkel.
L beginnt eine Geschichte:
Eines Tages treffen sich in der Schloßstraße ... (zeigt auf die linke Hand von Arne, der nennt „Tina Turner" und nimmt seine Hand weg, denn der Speicher ist leer) Tina Turner und ... (zeigt auf die linke Hand von Kerstin, die nennt „Herrn Kohl" und nimmt die Hand weg) natürlich Herr Kohl. Er sagt zu ihr ... (zeigt auf die rechte Hand von Sebastian, der nennt „Die Gedanken sind frei") wußten Sie schon, daß die Gedanken frei sind? Sie aber antwortet: (zeigt auf die noch liegende rechte Hand von Stephi und erhält das Stichwort: „Zebrastreifen") Zebrastreifen, mancher wird es nie begreifen. Am Zebrastreifen steht ... mit ... Sie kommen eilig herübergerannt und rufen ... Doch weil ihnen niemand zuhört, sagen sie enttäuscht ... Erst im Kaufhaus sehen sie an der Kasse ... Diese(r) empfiehlt ihnen ... Auf der Rolltreppe fahren schon ... und ... in den ersten Stock. Sie lesen ein Schild und wundern sich, daß darauf steht ... Im 1. Stock stehen viele Menschen um einen Wühltisch, unter ihnen ... und ... Sie ziehen Unterwäsche hervor und murmeln ... und ... und ... Ein paar Riesenshorts hat ... erwischt und ruft freudig ... Alle möchten solche Shorts haben ... und ... und ... Schnell bringt ... in seiner Aufgabe als Filialleitung aus dem Lager einen großen Stoß neue Shorts und sagt beruhigend ... Nun läuft ... mit 3 paar Shorts in die Umkleidekabine. Hinter dem Vorhang hört man, wie ... sagt ...
An den noch liegenden Händen ist erkennbar, wo noch Stichworte im Speicher sind. Selbstverständlich können ganz andere Geschichten entwickelt werden, wenn die Stichworte das nahelegen. Gut geeignet sind alle Situationen, in denen viele Menschen vorkommen.

Fantasie verankern

Übung 2: Die Idee in meiner Hand

Jedes Kind bringt einen kleinen Gegenstand in der Hand mit in den Stuhlkreis. In der Mitte wird eine Geschichte aufgebaut, in der den Dingen aus der Hand eine andere Bedeutung unterstellt wird, z. B.

L: (hält einen roten Stift in der Hand) Ein magerer roter Stift lief bei Nacht und Nebel allein auf dem Rathausplatz herum und suchte mit den Augen den ganzen Platz ab. Von ferne hörte er Schritte und er erkannte eine Straße.

X: (legt sein Lineal dazu und führt den Stift weiter) Dort ging er erst mal geradeaus bis ein Stein im Weg lag.

Y: (legt seinen Radiergummi auf das Lineal und führt den Stift weiter) Er klettert hinauf und blickt zurück. Da kam ein dunkler Herr Füller daher und sagte mit tiefer Stimme:

Z: (Füller kommt) Guten Abend. Haben Sie meine Frau gesehen?

Wird dieses Spiel erstmalig gespielt, muß L selbst einige Handlungsschritte aufbauen. Bei Kindern, die sich noch nicht geschickt ausdrücken, fügt L Begleitsätze zur wörtlichen Rede ein, um den Einstieg zu erleichtern. Alle dürfen weitere Handlungsideen vorschlagen.

III Leitbögen und Ausgangslagen zum Üben

Konfliktlotsen – Leitbogen 1: Streitformular

Datum: ______________

Mit wem hast Du Dich gestritten? ______________________________

Was war das Problem? ______________________________

____

____

Warum hast Du angefangen, Dich zu streiten?

____

Gibt es vielleicht noch einen Grund?

____

Was wolltest Du mit dem Streit erreichen?

____

Warum hat sich das andere Kind mit Dir gestritten?

____

Was habt Ihr durch den Streit erreicht?

____

Was könntest Du probieren, wenn es nochmal passiert?

1. ______________________________
2. ______________________________
3. ______________________________

Gibt es etwas, was Du noch dem Kind sagen möchtest, mit dem Du Dich gestritten hast?

____

____

Partnertausch

(Aus: William J. Kreidler: Creative Conflict Resolution.
Glenview, Illinois: Good Year Books/Scott, Foresman and Company, 1984 (Abgewandelt)
Deutsch nach: Jamie Walker: Gewaltfreier Umgang mit Konflikten in der Grundschule bzw. Gewaltfreier Umgang mit Konflikten in der Sekundarstufe I. Cornelsen Scriptor, Frankfurt am Main 1995)

Konfliktlotsen – Leitbogen 2: Vertrauensschüler-Befragung Datum: ________

Partnerinterview mit ____

Name des Befragten

Wie viele Mitschüler haben dir Vertrauen durch ihre Stimme entgegengebracht?

____

Seit wann bist du Vertrauensschüler?

____

Wegen welcher Eigenschaften haben dir wahrscheinlich die anderen ihre Stimme gegeben?

____

____

Was erhoffst du dir von der AG Konfliktlotsen?

____

____

Nenne 3 Dinge, die du besonders magst:

____

____

____

Nenne Eigenschaften, die du an anderen besonders schätzt:

____

____

Nenne ein Verhalten, das du gar nicht leiden kannst:

____

____

Mit welchem Gesichtsausdruck möchtest du für die Öffentlichkeit abgebildet sein?

____

Unterschrift ____

Interviewer

____

Der Interviewer stellt den Befragten der Gruppe vor.

Konfliktlotsen – Leitbogen 3: Du fühlst dich als Opfer Datum: ____________

Wie fühlst du dich jetzt?

Was ist passiert? Was wurde dir mit Gewalt angetan?

Welche körperlichen Folgen hatte das für dich?

Welche gefühlsmäßigen Folgen hatte das für dich?

Ging der Gewalt ein Problem voraus? Wie kam es dazu?

Was wolltest du in der Auseinandersetzung? Was hätte passieren sollen?

Wie würdest du die Beziehung zwischen dir und dem Täter beschreiben?

Wozu müßte der Täter bereit sein, daß du eine Begegnung mit ihm nicht fürchten mußt?

Konfliktlotsen – Leitbogen 4: Kurzverhandlung mit 2 Streitenden Datum: ___

0. Setzt Euch gegenüber. Mich anschauen. 3 x tief Luft holen. Nacheinander sprechen.
   Wir suchen gemeinsam nach einer Lösung für Euch beide.

1. Was ist passiert?

   A: ______________________ B: ______________________

   ______________________ ______________________

   Das Problem, das zwischen Euch steht, habe ich so verstanden: …

2. Was steckt dahinter? (keine alten Kamellen, auf aktuelle Situation und die Streitenden selbst verweisen)

   a) Gab es Kränkungen, Verletzungen, Befürchtungen, ärgerliche Gefühle?
      Du fühltest Dich … und Du hattest das Gefühl, daß …?! Stimmt das so?

   b) Welches Ziel hattet Ihr? Was wolltet Ihr beim anderen erreichen?
      Du wolltest eigentlich, daß … und Du wolltest, daß … Stimmt das?
      Konnte das der andere verstehen?

   c) Was wünschst Du Dir? Was hätte passieren sollen?
      Kann jeder mal den Wunsch des anderen wiederholen?

   Wir wissen nun, wie es war und was statt dessen sein sollte.

3. Was kann getan werden?
   a) Wie soll es nun weitergehen? Was schlagt Ihr vor, daß es nicht so schlimm ausgeht?

   A: ______________________ B: ______________________

   Wir wissen nun, wie Ihr feindseliges Handeln vermeiden könnt.

   b) Könnt Ihr auch etwas Freundliches füreinander tun, damit es zwischen Euch besser wird?
      Was hätte jeder gern?

   A ______________________ B: ______________________

   Die Lösungen, die Ihr für möglich haltet, habe ich so verstanden: …

4. Was soll vereinbart werden? Welche Regelung soll zwischen Euch gelten?

   A: ______________________ B: ______________________

   Könnt Ihr beide mit so einer Entscheidung leben? Gibt es Bedenken?
   Wie lange traut Ihr Euch die Regelung als Versuch zu?

5. Wie beenden Politiker schwierige Verhandlungen? Wie beendet Ihr sie?
   (Handschlag/mündl. Vertrag/schriftl. Notiz/Unterschrift/kl. Glas Saft)

   ____

   A: ______________________ B: ______________________

   Lotse: ______________

   Ich bedanke mich für die Zusammenarbeit bei der Suche nach einer verträglichen Lösung.
   Eine gutwillige Zusammenarbeit entwickelte sich, als Ihr …

 Datum: ______________

Vertrag

Zwischen den Konfliktpartnern

____

und

____

wird folgender Vertrag zur Lösung schwieriger Situationen geschlossen:

______________________ wird in folgenden Situationen

____

____

durch folgende Handlungen

____

____

Feindseligkeiten vermeiden.

______________________ wird in folgenden Situationen

____

____

durch folgende Handlungen

____

____

gleichermaßen Feindseligkeiten vermeiden.

Dabei werden die beiden Konfliktpartner mit eigener Zustimmung

______________________ ______________________

Der Zeitraum wird vorerst festgelegt bis zum ______________________

____

1. Vertragspartner

____

2. Vertragspartner

____

Unterstützer für 1

____

Unterstützer für 2

____

Konfliktvermittler

Beratungsprotokoll

Fach/AG ____________________

Wir erinnern uns gemeinsam an Lerninhalte und bekommen folgende Themen zusammen:

____

____

____

Gemeinsam hat uns gefallen: ______________________________

____

Gemeinsam hat uns wenig gefallen: ______________________________

____

Unterschiedliche Meinungen haben wir zu:

1. ____
2. ____
3. ____

Neue Zusammenhänge erkannten wir bei dem Thema (Da ging uns ein Licht auf.):

____

Die Bedeutung dieses Themas für uns schätzen wir so ein:

unbedeutend – wenig Bedeutung – ganz interessant – gut zu wissen – wichtig

Gemeinsam hätten wir uns mehr gewünscht, daß ______________________________

____

Die Bemühungen der Lehrerin, bei uns ein genaueres Verständnis unserer Welt zu entwickeln, waren kaum erkennbar – manchmal erkennbar – deutlich erkennbar – ständig erkennbar

Unterschrift: ____

____

Der Protokollführer trägt das Gruppenergebnis der Klasse vor.

Beratung, Meinungsbildung, Lernbewußtsein
2–3 Kinder bilden eine Beratungsgruppe. Eines von ihnen schreibt die Ergebnisse auf.

Ausgangslagen zum Üben für Konfliktlotsen (Rollenspiele)

Spielregel

Übung 1: Spielregel erkennen
Du bist *Marek* aus der 1. Klasse und spielst auf dem Hof gerne Fangen. Dabei bist Du am liebsten der Fänger. Nur als Du Torsten fangen wolltest, riß er sich los und schlug nach Dir, so daß Du Dich auf ihn werfen mußtest, um ihn festzuhalten.
Du bist *Torsten* aus der 1. Klasse und spielst gerne Fangen. Du bist am liebsten der Wegläufer, den keiner kriegt. Als Marek an Deinen Sachen gezogen hat, hast Du Dich losgerissen und Dich mit den Armen gewehrt. Da hat er Dich auf den Boden geschmissen und Dir weh getan.
Als *Konfliktlotse* beobachtest Du, wie sich 2 kleine Kinder auf dem Boden schlagen und verbissene Gesichter haben. Du bringst sie auseinander und zum Verhandlungsraum.

in eigener Sache

Übung 2: Jungen und Mädchen arbeiten zusammen
Du bist *Anetta* und als Konfliktlotsin der 6. Klasse in den Pausen meist im Verhandlungsraum. An der Tür stehen oft Mädchen und ärgern Dich, weil Du mit Jungs zusammenarbeitest.
Du bist *Michaela,* Schülerin der 6. Klasse und hälst mit Deinen Freundinnen immer gut zusammen, wenn Euch Jungs beleidigen und sich wichtig tun. Nun trifft sich Anetta regelmäßig mit Jungs und Mädchen aus den großen Klassen und macht auf dicke Freundschaft. Wenn sie alleine mit Jungs im Verhandlungsraum ist, kannst Du Dir kaum vorstellen, daß dabei keine Liebe im Spiel ist. Deshalb neckst Du Anetta gerne.
Ihr seid *Konfliktlotsen* und hört, wie eine Mitschülerin wegen ihrer Zusammenarbeit von Jungs und Mädchen angemacht wird. Ihr holt die Mädchen von der Tür zum Gespräch herein.

unbearbeiteter Altkonflikt

Übung 3: Dornen und Eisenstangen
Du bis *Cheng,* 10 Jahre alt. Deine Eltern haben ein Restaurant und arbeiten dort meistens vom Vormittag bis in die Nacht. Manchmal frühstückt Ihr morgens zusammen. Wenn Du Hunger hast, kannst Du zum Restaurant fahren und dort etwas essen. Lieber bist Du allein in der Wohnung. Dann stellen Dir die Eltern etwas zu Essen bereit. Vorige Woche hast Du Dich auf dem Heimweg mit Deinem ehemaligen Freund Mahmud und den anderen Jungs gezankt. Dabei haben sie Dich in die Dornen geschmissen. Obwohl es sehr weh tat, half Dir keiner heraus. Statt dessen schubste Dich Mahmud lachend immer wieder neu hinein.
Endlich konntest Du weglaufen.
Zu Hause merkst Du, daß du mehrere stechende Dornen in der Haut hattest. Deine Eltern konnten nicht von der Arbeit fort, um sich um Dich zu kümmern. Empört hast Du bei Mahmuds Eltern angerufen. Sie wußten von nichts und verstanden nicht, wie schlimm das für Dich war. Darauf schriest Du ins Telefon, daß Du morgen Mahmud mit der Eisenstange schlagen wirst.
Kurz danach klingelte es an Deiner Tür „Hier ist Carsten", sagte Mahmuds Stimme. Du legtest die Kette vor und gucktest durch den Türspalt. Dort stand der wütende Mahmud und versuchte mit Gewalt, die Tür einzutreten. Du hast mit aller Kraft die Tür wieder zugeschoben.
Heute hat sich Mahmuds Mutter bei der Schulleitung beschwert. Sie und ihr Sohn wollen, daß Du bestraft wirst. Alle seine Freunde sollen Mahmud beistehen.
Du bist allein und fühlst dich bedroht.

Du bist *Mahmud,* 10 Jahre alt. Du lebst mit Deiner Mutter zusammen. Dein Vater darf nicht mehr mit Euch zusammenleben, weil er immer schlug. Deine Mutter liebt Dich aber sehr und tut alles für Dich. Darum kannst Du es nicht ertragen, wenn jemand Deine Mutter beleidigt. Beleidigungen sind überhaupt Deine Schwachstelle, da rastest du leicht aus.
Auf dem Heimweg hatte Cheng Dich und Deine Mutter wieder beleidigt, so daß Du ihn geschubst hast und er in die Dornen flog. Wie er da geguckt hat, das sah so komisch aus!
Deshalb hast Du ihn gleich noch einmal geschubst und alle mußten lachen.
Als Du nach Hause kamst, war Deine Mutter voller Angst und sagte aufgeregt, daß Cheng Dich mit einer Eisenstange schlagen wird. Deine Mutter hat ja nur Dich zum Schutz!
Also gingst Du gleich zu Chengs Wohnung, hast dort geklingelt und gesagt: „Hier ist Carsten." Aber feige wie Cheng ist, hat er nicht richtig aufgemacht. Du versuchtest trotzdem an ihn heranzukommen. Doch er hat dich fast in der Tür eingeklemmt.
Nun hat Deine Mutter gesagt, die Schule muß Cheng bestrafen. Sie ruft dort an und sagt Bescheid. Du hättest zum Schutz lieber einen Beißhund.
Ihr seid *Schulleiterin* und *Lehrerin.* Cheng und Mahmud sind in einer 3. Klasse. Beide sind leistungsschwach. Früher waren sie befreundet. Doch schlug sich Mahmud häufig, auch brachte er einen Baseballschläger mit in die Schule. Ein Schulwechsel konnte nicht durchgesetzt werden. Heute bringen beide durch ihre andauernden Kämpfe und Streitereien ständig Aufregung in die Schule. Cheng ist sich selbst überlassen und fehlt öfter, – z. T. auch unentschuldigt. Mahmuds Vater ist nicht mehr erziehungsberechtigt, seine Mutter unterwirft sich den Entscheidungen des Jungen. Zur Zeit ist kaum ein geregelter Unterricht möglich, weil sich die Konflikte der beiden immer wieder in das Lerngeschehen hineinschieben. Ihr entscheidet, daß Cheng in der Pause oben bleiben soll, da er sich mit vielen Jungs Streitgefechte liefert.
Nun ruft Mahmuds Mutter an und wünscht, daß die Schule Erziehungsmaßnahmen gegen Cheng ergreift.

O. Hagedorn

Kurze Ausgangslagen zum Üben für Konfliktlotsen

(13 Situationen)

1. A macht mit seinem Freund ein Spaßkämpfchen. Doch trotz „HÖR AUF" tut er ihm weh.
2. An beiden Tischtennisplatten lassen sie A nicht mitspielen.
3. A hat eine neue Frisur und wird ausgelacht.
4. B beleidigt A's Familie.
5. A beschimpft B als Lügner, weil sich B geirrt hat.
6. A erwischt B beim Knacken seines Fahrradschlosses.
7. B schubst A mit Absicht, so daß A fast stürzt.
8. Eine Gruppe schließt A von einem sicher wichtigen Gespräch aus.
9. A schlägt B das Pausenbrot aus der Hand.
10. A zerrt an B's Kleidung.
11. Zwei Mitschüler tuscheln und gucken dabei verächtlich zu B.
12. B wirft A's Jacke vom Haken.
13. A geht eigenmächtig an B's Mappe.

Kurze Ausgangslagen zur Persönlichkeitsstärkung

(8 Situationen)

1. A zeigt B mit den Händen beleidigende und drohende Zeichen.
2. A zieht zu B blöde Fratzen.
3. A brüllt B an.
4. A beschimpft B mit allen Gemeinheiten, die A kennt.
5. A macht sich mit anderen über das Aussehen von B lustig.
6. A spottet über die Kleidung von B.
7. A macht B mies, weil B nicht so erfolgreich beim Lernen ist.
8. A kündigt B die Freundschaft, weil A mit „Gegnern" spricht.

Nachwort für Visionäre

Die Möglichkeiten der heutigen Schule sind kleiner als die Probleme, die sie bewältigen soll. Die veränderten Lebenswelten schaffen so divergierende Kindheitsmuster als entstammten sie verschiedenen Kulturen (s. O. Negt, 1993, S. 10). In dieser Situation ist die Grundschule der erste und für viele der einzige Ort, an dem Kinder aller Gruppierungen einander begegnen und in dem die verschiedenen Lebensentwürfe in einem Dialog vereint werden können. Viele Belastungen, Nöte und Ängste können Kinder noch relativ schadlos durchstehen, wenn verläßliche familiäre oder familienähnliche Beziehungen zu Erwachsenen und Gleichaltrigen verfügbar sind. Dieses psychische Stützen leisten Eltern oftmals nicht genug.

Das Selbstkonzept und die Gefühle der Kinder passen nicht immer zusammen. So gestattet es sich der Spaßvogel nicht, traurig zu sein. Das auf Erfolg getrimmte Kind erlaubt sich nicht, hilflos und ratlos zu sein. Das friedfertige liebe Kind kann sich keine Wut zugestehen. Das stolze Kind gewährt sich weder Eifersucht noch Neid. Für menschliche Beziehungen, die dem Kind helfen, authentisch zu sein, ist häufig weder Raum noch Zeit.

Kaum eine Veränderung von Lebensbindungen verunsichert Kinder seelisch so nachhaltig, wie der Verlust von Eltern und Geschwistern. Selbst die Einflüsse der Medien prägen das Leben der Kinder weniger nachhaltig, wenn sie sich nicht zu viel selbst überlassen sind und zu wenig Gesprächsmöglichkeiten haben (s. A. Garlichs, 1994, S. 17).

Kinder brauchen Beziehungen zu zuverlässigen präsenten Erwachsenen, an denen sie sich orientieren und mit denen sie sich austauschen können, an denen sie sich aber auch reiben können. Dazu gehören unerläßliche Erfahrungen der körperlichen und psychischen Nähe. Zu wenig erleben Kinder grundlegende körperliche Erfahrungen wie Herumbalgen, Knuddeln und Kuscheln. Es fehlen oft frühe psychische Näheerfahrungen wie miteinander streiten und trotzen, zusammen träumen und handeln, wie der Austausch von Erfahrungen, Meinungen und Gefühlen. Zeit- und Handlungsräume für derartige Erlebnisse können oder wollen Eltern immer seltener bereitstellen. Sich mit dem Kind auseinandersetzen, wenn es um seine Selbsterfahrung, eigene Meinungsbildung und Selbstbestimmung ringt, kostet Zeit, Bereitschaft und Nerven.

Geschieht die Auseinandersetzung mit dem Kind autoritär, entstehen Minderwertigkeitsgefühle und Trotz. Geschieht die Auseinandersetzung verständig und aufgeklärt, ist der Preis für den Zeitaufwand die Stärkung des Selbst- und Weltverständnisses des Kindes. Wird diese Auseinandersetzung jedoch gar nicht geführt, erlebt sich das Kind als unwirksam. Es geht orientierungslos daraus hervor. Häufig wird dann versucht, dieses Orientierungsvakuum mit heftigeren Herausforderungen und Provokationen zu füllen. Gelingt auch das nicht, bleibt ein Nachholbedarf, sich zu streiten, zu messen, zu rivalisieren, sich auffällig aufzuführen, sich in beliebiger Form als lebendig zu spüren.

Bereits in der ersten Trotzphase fühlen sich z. T. Mütter der Herausforderung nicht gewachsen. Väter, die sich dem Kräftemessen stellen könnten, sind oft nicht vorhanden. Nicht nur bei alleinerziehenden Müttern fehlt die „Väterlichkeit". Auch bei „alleinerziehenden Müttern mit Mann" wird besonders den Jungen die Chance verwehrt, durch Auseinandersetzung mit dem männlichen Erwachsenen ein realistisches Männerbild zu entwickeln.

Die Tendenz, sich notwendigen Auseinandersetzungen nicht zu stellen, keinen Streit durchzustehen, keine Lösung auszuhandeln, ist pädagogisch folgenschwer. Denn soziales Lernen geschieht nur in der Begegnung und Auseinandersetzung mit Menschen. Keine Konsumobjekte können die menschliche Objektbeziehung

ersetzen: „Ein Großteil der Sozialarbeit mit schwierigen Jugendlichen ist Väter- oder Elternarbeit" (G. Hardtmann 1993).
Die Schule ist heute nicht in der Lage, Sozialisationserfahrungen anzubieten, die früher innerhalb der Familie bereitgestellt wurden. Ohne den konzeptionellen und strukturellen Aufbau einer sozialintegrierenden Basisschule werden die sozialen Spannungen weiter steigen und zu hohen Folgekosten für Opfer und Täter führen. Vom Ende der Gleichgültigkeit gegenüber der nächsten Generation hängt ab, mit welcher Lebensqualität die ältere Generation in den nächsten Dekaden rechnen kann. Der Generationenvertrag hat nicht nur einen ökonomischen Aspekt. Menschliches Wohlbefinden und Befriedigung menschlicher Bedürfnisse werden durch Konsum versprochen. Die Einlösung der Versprechen liegt jedoch nicht in der Natur der Konsumobjekte. Allein die konstruktiven und sozialintegrativen Kräfte in einer Gesellschaft sichern das Maß an Wohlbefinden in einem Sozialgefüge.
Neue Modelle von Schule und Sozialarbeit müssen entwickelt werden. In ihnen muß den sozialen Beziehungen und den sozialintegrativen Aktivitäten der Schulgemeinschaft eine entschieden größere Bedeutung zukommen.
Wir brauchen kleine Schulen, in denen eine Identifikation mit den darin lebenden Menschen möglich ist, mit Begegnungsräumen zum Informationsaustausch der Schulgemeinschaft. Wir brauchen Schulen, die räumlich und personell so ausgestattet sind, daß ein gedeihliches Zusammenwirken der Beteiligten begünstigt wird. Wir brauchen Schulen, in denen Kinder Bewegungs-, Erfahrungs- und Gestaltungsräume finden können und in denen Pädagogen Wohlbefinden für alle Beteiligten schaffen können. Die zeitliche und inhaltliche Organisation muß für die Beteiligung und Verantwortungsübernahme durch Kinder und Eltern offen sein. Jegliche Form der Einsatzbereitschaft muß als Chance genutzt werden, die konstruktiven Kräfte der an der Schule Beteiligten aufzubauen. Darum muß die materielle Ausstattung handlungsorientiertes und praktisches Lernen erleichtern.
Pädagogik hat unbedingten Vorrang vor Interessen des Hauspersonals und der Verwaltung. Da Pädagogen den Kindern bei der Persönlichkeitsentwicklung behilflich sein müssen, brauchen sie selbst auch in ihrer Aus- und Fortbildung in viel größerem Maße selbsterfahrendes und nondirektives Lernen.
In so einem möglichen Lebens- und Erfahrungsraum Schule würden sich Lehrer nicht zusätzlich als dilletierende Sozialarbeiter betätigen müssen, sondern mit professionellen Sozialarbeitern kooperieren, um ihre Kindergruppe bei der Entwicklung zu konflikt- und handlungsfähigen Menschen zu begleiten.
Auf dem Weg dorthin sollte das Ziel bereits deutlich werden.
Der Zwang, am Unterricht teilnehmen zu müssen und die Erfahrung, daß Gesprächsbeiträge beurteilt oder zensiert werden, lassen viele offenherzige Schulanfänger im Lauf der Grundschulzeit verstummen. Da Fragen der Moral, der Toleranz, der sozialen Beziehungen weniger mit Informationen als mit subjektiven Erfahrungen und Gefühlen zu tun haben, kann ihre Bildung nicht durch informativen Unterricht erfolgen. Respekt. Toleranz, Werthaltungen und Einfühlungsvermögen können nicht im herkömmlichen Sinn gelehrt, sondern müssen erfahren werden.
Um dieses anzubahnen, müssen wir nondirektive Modelle des sozialen Lernens entwickeln und Handlungsräume dafür schaffen. Einen Beitrag dazu soll dieses Buch leisten.
Bereits heute nutzen Lehrer ihren Handlungsspielraum, mit dem sie die Öffnung des Unterrichts für Eigenentscheidungen der Kinder und differenzierendes Lerntempo ermöglichen können. In manchen Bundesländern sind die Rahmenplanforderungen zum differenzierenden Unterricht sogar der Ausbildung der Lehrer voraus. Besonders bei sehr unterschiedlichen Lernvoraussetzungen ist lehrerzentrierter Unterricht allein nicht mehr zu rechtfertigen.

Andererseits muß verstärkt darauf hingearbeitet werden, daß eine Kindergemeinschaft entsteht, die Forum für Meinungsbildung, Kooperation, Vertrauensbildung und gemeinsame Ziele ist. Isoliert oder mit einem besten Freund nebeneinander lernen, genügt nicht.
Kinder brauchen auch die verbindliche Klassenaktivität, in der Rücksichtnahme und verstehendes Interesse am anderen gefordert werden. Sie bedürfen der Zugehörigkeit zu einer vertrauenswürdigen Gruppe, in der Wahrheiten und Meinungen ausgesprochen und angenommen werden. Sie benötigen gelegentlich auch eine große Gruppe, in der sie erfahren, daß sie gemeinschaftlich ganz andere Ergebnisse erreichen können als im kleinen Kreis. Singt die ganze Schulgemeinschaft einen Kanon, kann das ein so mächtiges Erlebnis sein, gegen das jeder gekonnte Vortrag einer kleinen Gruppe verblaßt.

Literaturverzeichnis

Adler, A.: Menschenkenntnis, Frankfurt/M., 1966
Adler, A.: Individualpsychologie in der Schule, Frankfurt/M., 1973
Arbeitskreis Neue Erziehung: Gewalt schon in der Grundschule, Berlin, 1991
Arbeitskreis Neue Erziehung: Gewalt ist keine Lösung, Berlin 1994
Behnke, I. /Fischer, A.: Jugend 92. Lebenslage, Orientierung und Entwicklungsperspektiven im vereinigten Deutschland, Bd. 1, Hrsg. Jugendwerk dt. Shell, Opladen, 1993
Bergk, M. / Rubinig, G.: Dialogschreiben; in: Die Grundschulzeitschrift, Nr. 55, 1992, S. 11–13
Besmer, C.: Mediation – Vermittlung im Konflikt, Karlsruhe, o. J.
Bronfenbrenner, V.: Ökologische Sozialforschung, Stuttgart, 1976
Czikszentmihalyi, M.: Flow – Das Geheimnis des Glücks, Stuttgart, 1991
Dreikurs, R.: Psychologie im Klassenzimmer, Stuttgart, 1985
Fölling-Albers, M. (Hsrg.): Veränderte Kindheit – veränderte Grundschule, Frankfurt/M., 1989
Faust-Siel, Gabriele u. a.: Mit Kindern Stille entdecken, Frankfurt/M. 1989
Fleischer, Th.: Zur Verbesserung der sozialen Kompetenz von Lehrern und Schulleitern, Hohengehren, 1990
Garlichs, A.: Aufwachsen in schwieriger Zeit; in: Die Grundschulzeitschrift, Heft 71, 1994, S. 16–20
Gebauer, K.: Veränderte Kindheit – veränderte Anforderungen in der Schule; in: Religion heute, Heft 12, 1992, S. 250-263, Heft 13, 1993, S. 28-41; Heft 14, 1993, S. 118-123; Heft 15, 1993, S. 204-208
Glasl, F.: Konfliktmanagement, Stuttgart, 1992
Gordon, Th.: Lehrer-Schüler-Konferenz. Wie man Konflikte in der Schule löst, Reinbek, 1981; Auflage neu, München 1991
Gordon, Th.: Familienkonferenz. Die Lösung von Konflikten zwischen Eltern und Kind, Hamburg, 1977
Haase, P.: Die Lehrer müssen umlernen. Interview mit dem Personalchef des VW-Konzerns; in: Der Spiegel, Heft 23, 1992, S. 53
Habermas, J.: Theorie des kommunikativen Handelns, Bd. 1, Frankfurt/M., 1991
Hagedorn, O.: Vom Ich-Heft zur bewußten Selbststeuerung. Begleitmaterial zur Ausstellung, Pädagogisches Zentrum Berlin, Berlin, 1993
Hardtmann, G.: Vortragsprotokoll (Arbeitskreis neue Erziehung am 3. 12. 1993), Berlin, 3. Dez. 1993
Huhn, G.: Verhindert Schule Kreativität? in MusE, Heft 4, 1992
Integration konkret Nr. 5, Sensorische Integration, Pädagogisches Zentrum Berlin, Berlin, 1991, S. 11 f
Jochheim, G.: Traum und Tat – Wege des gewaltfreien Widerstands, Stuttgart, 1992
Kagerer, H.: Das Fremde hört nicht auf; in: Schule ohne Gewalt, Heft 1, Pädagogisches Zentrum Berlin, Berlin, 1992, S. 17–40
Kleinschmidt-Bräutigam, M.: Eine Zwei in Kommunikation? in: Schulverwaltung Heft 2, 1992, S.27–30
Knief, M. (mit Schellberg, N.): Soziale Kontrolle und Jugenddelinquenz, Pädagogisches Zentrum Berlin, Berlin, 1992
Knief, M. (mit Roick, M.): Rechtsextremismus in den neuen Bundesländern, Pädagogisches Zentrum Berlin, Berlin, 1992
Krappmann, L.: Soziale Kinderwelt und kindliche Entwicklung, 5. DJI-Symposium, in: DJI Jahresbericht München, 1989, S. 193–199
Krappmann, L. / Oswald, H.: Schulisches Lernen als Interaktion mit Gleichaltrigen, ZfP, Heft 3, 1985, S. 321–335
Leimdorfer, T.: Es war einmal ein Konflikt…, Neuwied, 1992
Lernen, wie Geist funktioniert, in: Der Spiegel, Heft 10, 1992, S. 218–236
Levy, J.: Hirnhälften: Die Kooperation im Kopf; in: Psychologie heute, Heft 4, 1989, S. 30–35
Mand, J.: Waffenstillstand in der Schule, in: Praxis Schule, Heft 3, 1992, S. 10–12
Meister-Vitale, B.: Lernen kann phantastisch sein, Berlin, 1988
Mickley, A.: Mediation in Schulen; unveröffentl. Manuskript, Pädagogisches Zentrum Berlin (1992)
Molnar, A. / Lindquist, B.: Verhaltensprobleme in der Schule, Lösungsstrategien für die Praxis, Dortmund, 1992
Moore, C.: The Mediation Process, San Francisco, 1986
Murdock, M.: Dann trägt mich meine Wolke, Freiburg, 1992
Neutzling, Rainer/Schnack, Dieter: Kleine Helden in Not, Reinbek, 1990
Nolting, H.-P.: Lernfall Aggression, Reinbek, 1991
Nolting, H.-P.: Lernschritte zur Gewaltlosigkeit, Reinbek, 1981
Pilz, Gunter A.: Jugend, Gewalt und Rechtsextremismus. Hrsg. niedersächs. Landeszentrale f. polit. Bildg., Hannover 1993
Popper, K. / Eccles, J.: Das Ich und sein Gehirn, München, 1982
Postman, N.: Das Verschwinden der Kindheit, Frankfurt/M., 1983
Preuschoff, G.: Streß – laß nach. Was tun gegen Schulstreß? Köln, 1992
Prutzmann, P./Stern, L.: Das freundliche Klassenzimmer für einen kleinen Planeten, Fördergemeinschaft Friedensarbeit und Gewaltlosigkeit, Köln, o. J.
Rommelspacher, R.: Rechtsextremismus und Dominanzkultur, in: Foitzik, A./Leiprecht, A. u. a.: Ein Herrenvolk von Untertanen, Duisburg, 1992
Schmielau, C.: Vom Konflikt zum Kontrakt; in: Grundschulmagazin, Heft 37, 5/1992, S. 37–40
Schneider, H.: Gewalt in der Schule; in Kriminalistik, 1/1991, S. 15–24
Senator für Arbeit und Frauen: Gewalt gegen Mädchen an Schulen, Berlin, 1992
Senator für Schule, Berufsausbildung und Sport: Gruppengewalt und Schule, Berlin, 1991
Senator für Schule, Berufsausbildung und Sport: Jugend und Gewalt. Drei Interviews mit Heitmann, Heinisch, Gerke, Berlin, 1992
Schulz v. Thun, F.: Miteinander reden 1 und 2, Reinbek, 1991
Schwind, H.-D./Baumann, J.: Ursachen, Prävention und Kontrolle von Gewalt, Berlin, 1990
Tausch, R.: Hilfen bei Streß und Belastung, Reinbek, 1993
Thomann, C. / Schulz v. Thun, F.: Klärungshilfe, Reinbek, 1992
Valtin, R.: Streiten und Sich-Vertragen; in: Balhorn, Heiko/Brügelmann, Hans: Bedeutungen erfinden – im Kopf, mit Schrift und miteinander, Konstanz, 1993, S. 192–199
Vester, F.: Phänomen Streß, Stuttgart, 1976
Walker, J.: Gewaltfreier Umgang mit Konflikten in der Grundschule bzw. Gewaltfreier Umgang mit Konflikten in der Sekundarstufe I, Frankfurt/M., 1995
Walker, J.: Gewalt und Konfliktlösung in Schulen, Berlin, 1989
Watzlawick, P. / Beavin, J. u. a.: Menschliche Kommunikation, Wien, 1987
Weitner, J.: Abschied vom Faustrecht. Antigewalttraining in der JVA Hameln, ZDF am 5. 11. 94, Video liegt in der Landesbildstelle, Berlin, Levetzowstr. vor
Zitzelsperger, H.: Ganzheitliches Lernen, Weinheim-Basel, 1991